Aprende a Programar para Android

Ángel Arias

ISBN: 978-1495492242

Índice de Contenidos

Nota del Autor

Esta publicación está destinada a proporcionar el material útil e informativo. Esta publicación no tiene la intención de conseguir que usted sea un maestro de las bases de datos, sino que consiga obtener un amplio conocimiento general de las bases de datos para que cuando tenga que tratar con estas, usted ya pueda conocer los conceptos y el funcionamiento de las mismas. No me hago responsable de los daños que puedan ocasionar el mal uso del código fuente y de la información que se muestra en este libro, siendo el único objetivo de este, la información y el estudio de las bases de datos en el ámbito informático. Antes de realizar ninguna prueba en un entorno real o de producción, realice las pertinentes pruebas en un entorno Beta o de prueba.

El autor y editor niegan específicamente toda responsabilidad por cualquier responsabilidad, pérdida, o riesgo, personal o de otra manera, en que se incurre como consecuencia, directa o indirectamente, del uso o aplicación de cualesquiera contenidos de este libro.

Todas y todos los nombres de productos mencionados en este libro son marcas comerciales de sus respectivos propietarios. Ninguno de estos propietarios han patrocinado el presente libro.
Procure leer siempre toda la documentación proporcionada por los fabricantes de software usar sus propios códigos fuente. El autor y el editor no se hacen responsables de las reclamaciones realizadas por los fabricantes.

Presentación

Android es una plataforma abierta creada para dispositivos móviles desarrollada por Google y actualmente es mantenida por la Open Handset Alliance (OHA). Todas las aplicaciones desarrolladas para esta plataforma utilizan al lenguaje Java, lo que facilita a muchos desarrolladores con conocimientos en Java a desarrollar aplicaciones para esta plataforma.

Este libro tiene por objetivo mostrar de modo fácil como programar en la plataforma para dispositivos móviles de Google (Android) usando el eclipse. En este libro vamos a conocer un poco la historia de Android, como surgió, qué dispositivos soportan este sistema operativo, como es su estructura y como desarrollar diversos tipos de aplicaciones para Android por medio de varios programas y ejemplos bien explicados.

1) Introducción

Android es una plataforma desarrollada por Google orientada para los dispositivos móviles. En 5 de noviembre de 2007, la empresta hizo pública la primera plataforma Open Source de desarrollo para dispositivos móviles basada en la plataforma Java con sistema operativo Linux, la cual fue llamada de Android. Esta plataforma es mantenida por la OHA (Open Handset Alliance), un grupo formado por más de 40 emprestas las cuales se unieron para innovar y acelerar el desarrollo de aplicaciones, servicios, trayendo a los consumidores una experiencia más rica en términos de recursos y menos dispendiosa en términos financieros para el mercado móvil. Se puede decir que la plataforma Android es la primera plataforma móvil completa, abierta y libre.

Uno de los SmartPhones que ofreció soporte a este sistema operativo fue el G1 de la empresta T-Mobile. Vea la figura de éste siguiente:

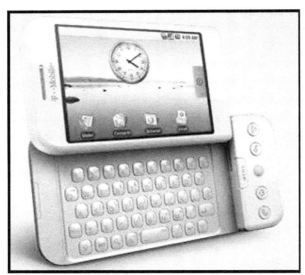

(G1 de la T-Mobile)

Los SmartPhones disponibles aquí en España, ofrecidos por algunas de las operadoras que soportan el sistema Android es el

Samgung Galaxy y el Motorola Milestone. Vea la figura de estos SmartPhones siguiente:

(Samsung Galaxy)

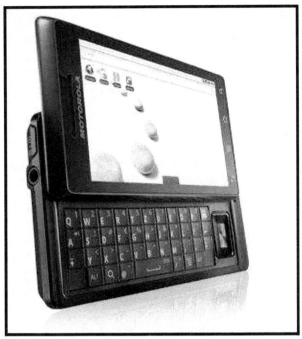

(Motorola MileStone)

2) Estructura general de la plataforma Android

Android es la plataforma open source para dispositivos móviles de la Open Handset Alliance (OHA). Android SDK es el kit de desarrollo que provee de las herramientas y las APIs necesarias para desarrollar las aplicaciones para la plataforma Android, utilizando el lenguaje Java. Veamos algunos recursos:

Application framework proporciona la reutilización y sustitución de componentes

Dalvik virtual machine optimizada para los dispositivos móviles

Browser Integrado basado en el webkit engine

Gráficos Optimizados posee una biblioteca 2D y 3D basada en la especificación OpenGL ES 1.0 (la aceleración de hardware es opcional)

SQLite para guardar datos estructurados

- Soporte multimedia para audio, vídeo y formatos de imagen (MPEG4, H.264, Mp3, AAC, AMR, JPG, PNG, GIF) - Telefonía GSM (dependiente de hardware) -Bluetooth, EDGE, 3G, y WiFi (dependiente de hardware) -Cámara, GPS, compás, y acelerómetro (dependiente de hardware) - Rico ambiente de desarrollo, incluyendo un emulador de dispositivo, herramientas de depuración, memoria, performance y un plugin para el Eclipse (ADT)

2.1) Arquitectura de Android

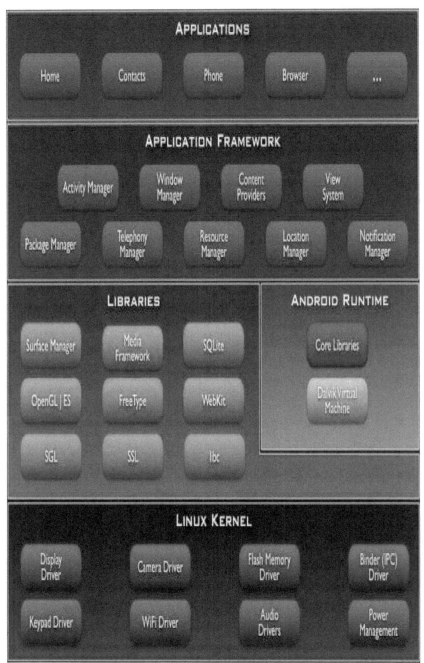

(Arquitectura general de la plataforma Android)

2.2) Aplicaciones

Junto con Android, viene un conjunto de aplicaciones fundamentales, que son:

Cliente de email;

Programa de SMS;

Agenda;

Mapas;

Navegador;

Contactos entre otros.

Todos los aplicativos implementados fueron desarrollados en el lenguaje de programación Java.

2.3) Bibliotecas

Android incluye un conjunto de bibliotecas C/C++ utilizadas por varios componentes del sistema. Estas capacidades son expuestas para los desarrolladores a través del Framework. Veamos algunas de las principales bibliotecas:

System C library – una implementación derivada de la biblioteca C del BSD sintonizada para dispositivos que corren en Linux.

Media Libraries – basado en el PacketVideo's OpenCORE; las bibliotecas soportan los formatos más populares de audio y vídeo, así como imágenes estáticas.

Surface Manager – gestiona el acceso al subsistema de exhibición así como las múltiples capas de aplicaciones 2D y 3D;

LibWebCore – es un web browser engine utilizado tanto en Android Browser como para otras exhibiciones web.

SGL – el engine de gráficos 2D

3D libraries – una implementación basada en el OpenGL ES 1.0 APIs; las bibliotecas utilizan la aceleración 3D vía hardware o el software de renderización 3D está altamente optimizado para Android.

FreeType – renderización de fuentes bitmap y de vectores

SQLite – un poderoso y leve engine de base de datos relacional disponible para todas las aplicaciones

2.4) Android Runtime

Android incluye un grupo de bibliotecas que suministra la mayoría de las funcionalidades disponibles en las principales bibliotecas del lenguaje Java.

Toda aplicación Android rueda en su propio proceso, con su propia instancia de la máquina virtual Dalvik. Dalvik fue escrita de forma que pueda ejecutar varias máquinas virtuales eficientemente. éste ejecuta los archivos con extensión.dex, que están optimizados para tener un consumo mínimo de memoria. La máquina virtual está basada en registros y rueda clases compiladas por el lenguaje Java que fueron transformadas en archivos.dex, a través de la herramienta "dx" incluida en el SDK.

La máquina virtual Dalvik se basa en el kernel de Linux para funcionalidades subyacentes como el encadenamiento y la gestión de la memoria de bajo nivel.

2.5) Linux Kernel

Utiliza la versión 2.6 del kernel de Linux para los servicios centrales del sistema, tales como la seguridad, la gestión de la memoria, la gestión de procesos, etc. El kernel también usa una capa de abstracción entre el hardware y el resto del software.

3) Instalando el Eclipse y Android

Para la elaboración de este libro, usaremos el Eclipse Galileo (Eclipse 3.5.1 para Windows) y el SDK de Android Revisión 5 y el plugin de Android para el Eclipse ADT-0.9.6. Cualquier versión (preferentemente superior) de los programas citados arriba sirve. Por supuesto, para que todas estas aplicaciones funcionen es necesario que usted tenga instalado antes de todo, la Máquina Virtual de Java (preferentemente la versión 5 o posterior). Bueno, manos la obra.

Para saber si usted posee una Maquina virtual de Java, entre en el prompt de comando y teclee la siguiente línea:

java –version

Debería de mostrar algo parecido el código siguiente:

java version "1.6.0_07" Java(TM) SE Runtime Environment (build 1.6.0_07-b06) Java HotSpot(TM) Client virtual machine (build 10.0-b23, mixed mode, sharing)

Si ve algo parecido a esto quiere decir que usted posee una máquina virtual de Java instalada en su ordenador, de lo contrario, instale el JDK. Usted puede descargar el JDK en el link siguiente:

http://java.sun.com/javase/downloads/index.jsp

Si usted ya posee la máquina virtual de Java instalada en su ordenador, ahora usted ya puede descargar el Eclipse en el siguiente link:

http://www.eclipse.org/downloads/

Para descargar el Android SDK y su plugin, haga clic en el link siguiente:

http://developer.android.com/sdk/index.html

Tras obtener los programas y plugins citados arriba, vamos a hacer las debidas configuraciones. De entrada, deberá descomprimir el archivo "android-sdk_r05-windows.zip", preferentemente en el directorio raíz "C:\". Tras descomprimir el fichero, ejecute la utilidad "SDK Setup", que se encuentra dentro de la carpeta descomprimida, conforme vemos en la siguiente imagen:

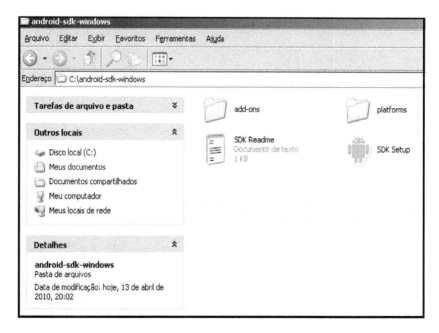

Al ejecutarlo, éste actualizará sus fuentes, como se muestra en la siguiente imagen:

Si durante la actualización de las fuentes, la aplicación muestra algún error, lo vería como se muestra en la siguiente imagen:

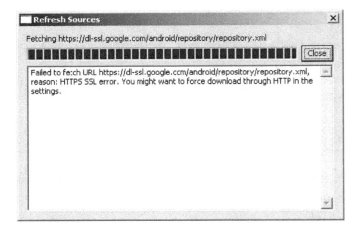

Tranquil@, no pasa nada! Usted cerrará esta caja de diálogo haciendo clic en el botón *"Close"*, y verá una caja de diálogo, como se muestra en la figura abajo, simplemente ciérrela, haciendo clic en el botón *"Cancel"*.

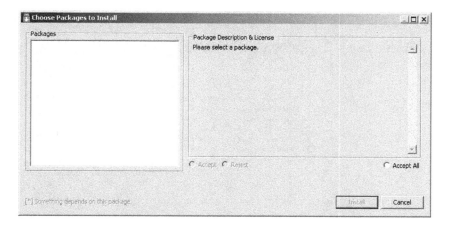

Ahora vaya a la sección *"Settings"*, como se muestra en la siguiente imagen:

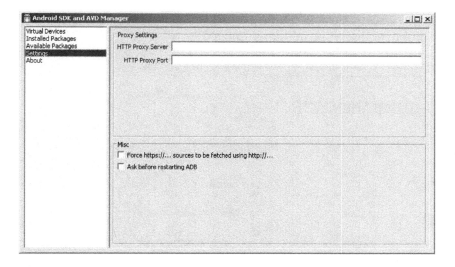

Ahora, haga clic en la opción *"Force https://... Sources to be fetched using http://..."*, y verá nuevamente la caja de diálogo de actualización de las fuentes, y esta vez hará la actualización correctamente.

Una vez hecha la actualización, vaya a la sección *"Available Packages"* y expanda el item al lado y marque la opción *"SDK Platform Android 2.1, API7, revision 1""*, como se muestra en la siguiente imagen:

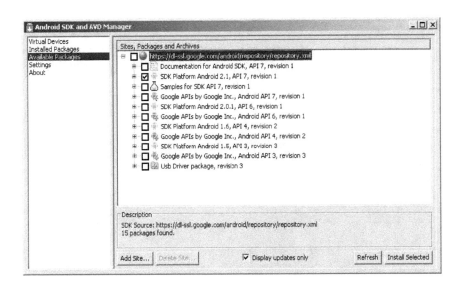

Ahora haga clic en el botón *"Install Selected"* y verá una nueva pantalla, como en la siguiente imagen:

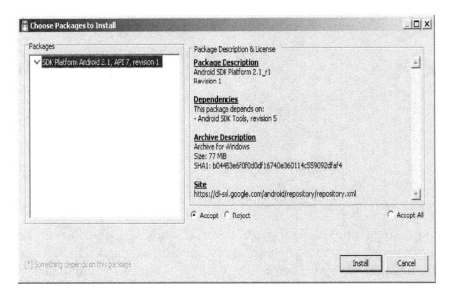

Ahora simplemente clic en el botón *"Install"* y la instalación será efectuada, como se muestra en la siguiente imagen:

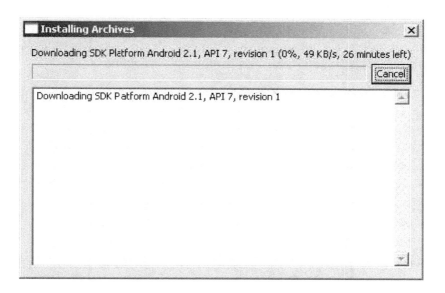

La instalación tardará algunos minutos en finalizar correctamente. Cuando la instalación ha finalizado, verá algunos mensajes, como se muestra en la siguiente imagen:

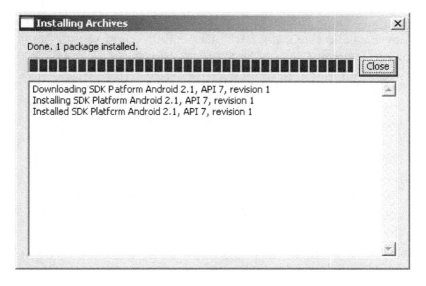

Una vez finalizado este paso, vamos a instalar el Eclipse con el plugin de Android. Para instalarlo simplemente descomprima el eclipse en una ruta local apropiada, preferentemente en el drive "C:\". Después de esto copie en el drive "C:\" el plugin de Android

"*ADT-0.9.6.zip*". Una vez hecho esto vamos a ejecutar el eclipse. Con el eclipse abierto, vaya al menú "*help*" -> "*Install New Software*", como se muestra en la siguiente imagen:

Al llevar a cabo este caso, verá una pantalla como se muestra en la siguiente imagen:

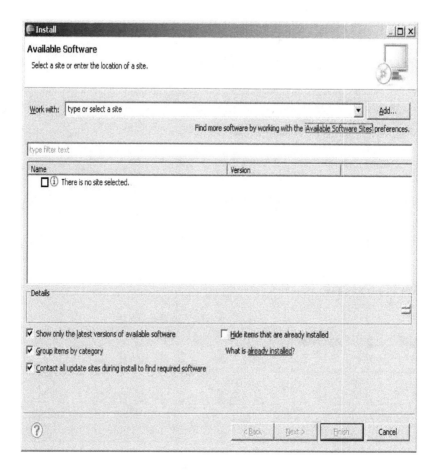

Para instalar el plugin de Android, haga clic en el botón "*Add*", y verá una caja de diálogo, como se muestra en la siguiente imagen:

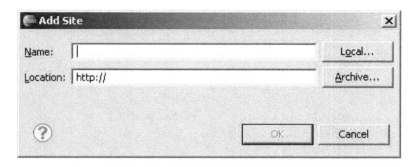

Ahora haga clic en el botón *"Archive"* e buscaremos y seleccionaremos el plugin de Android *"A.D.T-0.9.6.zip"*. Rellene el campo "Name" como se muestra en la siguiente imagen:

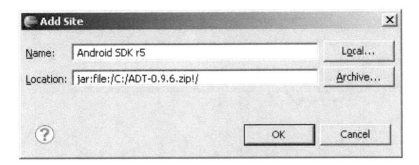

Al hacer clic en *"OK"* verá una pantalla, como se muestra en la siguiente imagen:

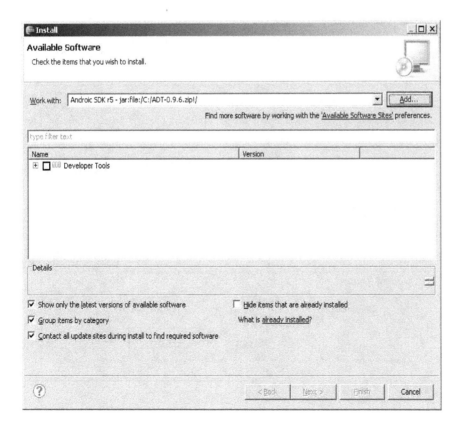

Ahora expanda el item *"Developer Tools"* y marque todas las opciones, como se muestra en la siguiente imagen:

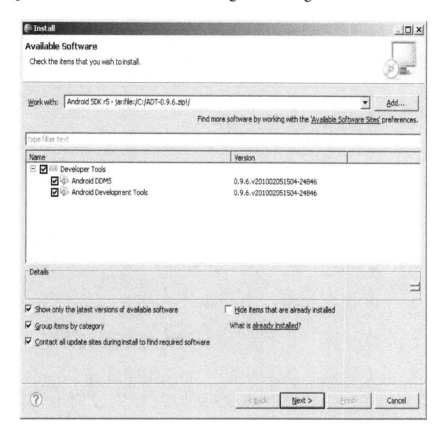

Después de hacer esto haga clic en el botón *"Next"*, y enseguida verá la próxima pantalla, como se muestra en la siguiente imagen:

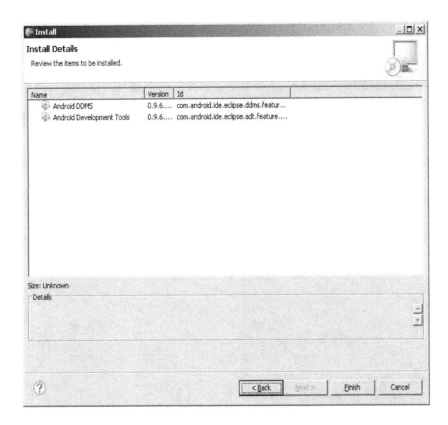

Ahora, clic en el botón "*Finish*". Después de esto ocurrirán algunos procesos, como se muestra en la siguiente figura, espere hasta terminar.

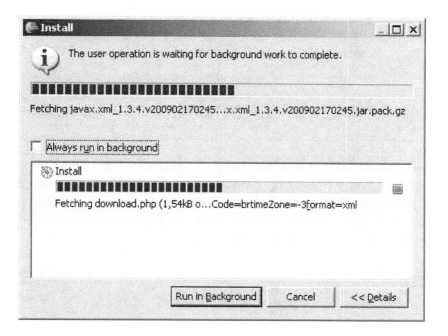

Si en algún momento durante el proceso sea ve la siguiente imagen:

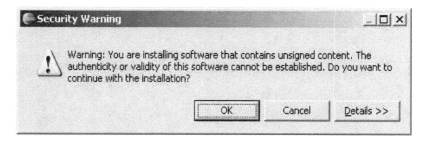

Puede hacer clic en "*OK*" sin problemas, y el proceso se completará. Después de finalizar el proceso usted deberá reiniciar el Eclipse, haciendo clic en "*Yes*", en el mensaje siguiente:

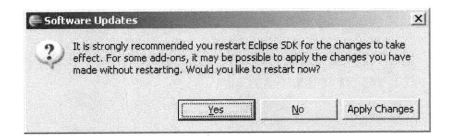

Después de que el eclipse haya reiniciado, vamos a hacer las configuraciones necesarias para crear la conexión con el emulador de Android. Vamos en el menú a *"Window"/"Preferences"*. Una vez abierta la caja de diálogo, seleccione el item *"Android"* y verá una pantalla, como se muestra en la siguiente imagen:

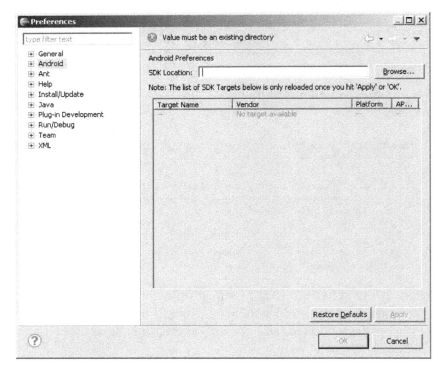

Ahora seleccionará el directorio donde se encuentra Android, que en este caso, se encuentra instalado en *"C:\android-sdkwindows"*, luego, tendré que seleccionar esta carpeta. Una vez hecho esto, ya lo sólo tenemos que hacer clic en *"OK"*.

Para finalizar vamos a definir un dispositivo virtual, conocido como *AVD* (Android Virtual Device), donde nuestras aplicaciones serán ejecutadas de aquí en adelante. Para esto, vaya en el menú a *"Windows"/"Android SDK and AVD Manager"*, como se muestra en la siguiente imagen:

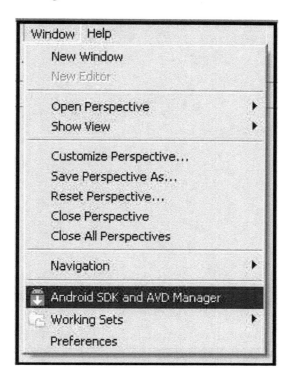

Una vez finalizado el procedimiento de arriba, será abierta una pantalla como se muestra en la siguiente imagen:

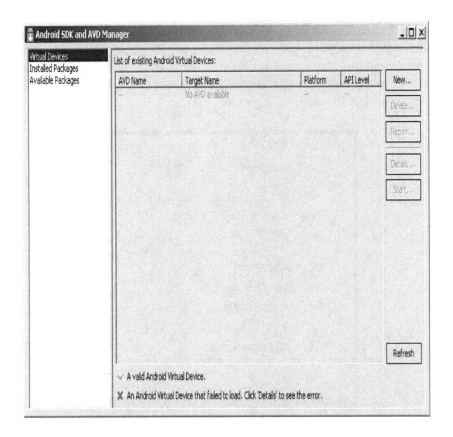

Para crear un dispositivo virtual haga clic en el botón "*New*", y será abierta una pantalla como se muestra en la siguiente imagen:

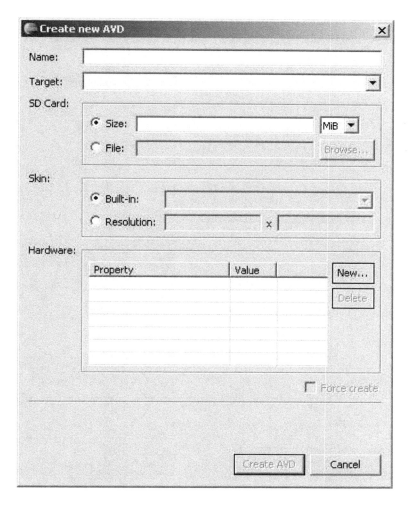

De inicio, vamos a configurar lo básico para ejecutar nuestra aplicación. En *"Name"* usted definirá el nombre del AVD, vamos a llamarlo de *"Emulador"*.

En *"Target"* definiremos la plataforma-objetivo para ser ejecutada, en este caso sólo tenemos una, el *"Android 2.1 -API Level 7"*. Vamos a seleccionarla.

Tras rellenar todos los campos, la pantalla de creación del ADV deberá ser parecida a la siguiente imagen:

Para crear nuestro AVD, haga clic en el botón *"Create AVD"* y listo. Después de crear nuestro AVD, verá el siguiente mensaje, como se muestra en la siguiente imagen:

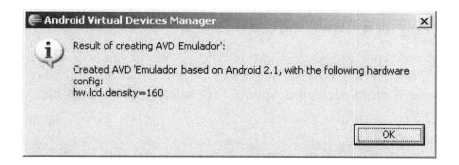

Tras esto, haga clic en *"OK"* en el mensaje mostrado en la figura de arriba y cierre la ventana del *"Android SDK and AVD Manager"*.

4) Nuestra primera aplicación en Android

Ahora vamos a crear un nuevo proyecto Android yendo en el menú a *"File"/"New"/"Other"*. Seleccione el proyecto Android como se muestra en la siguiente figura. Tras seleccionarlo, haga clic en *"Next"*:

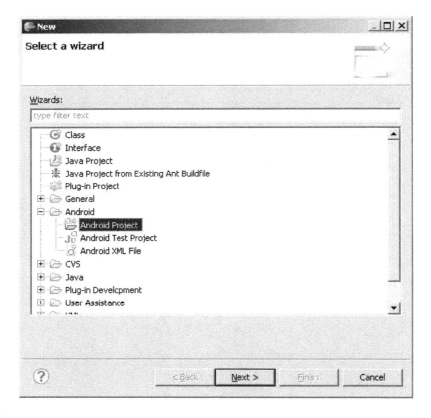

Después de hacer clic en *"Next"* en la figura arriba, verá una pantalla como se muestra en la siguiente imagen:

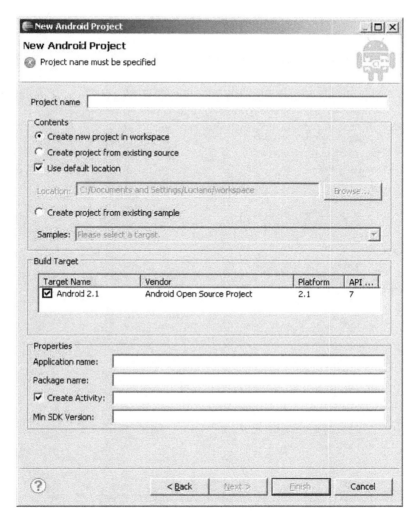

Vamos a rellenar los campos citados a continuación:

- Project name: **HelloWorld Android**
- Application name: **Hello World**
- Android Package name: **es.com.android**
- Create Activity: **AppHello**
- Min SDK Version: **7**

Los campos rellenados arriba deben estar de acuerdo con la figura siguiente:

Tras rellenarlo todo, sólo tiene que hacer clic en el botón "*Finish*" y, ahora ya, nuestro proyecto ya se ha creado. En *Package Explorer*, vamos a echar un vistazo a la estructura del Proyecto, simplemente haciendo clic en el botón "+". Sólo tiene que ver la figura de abajo, aproveche y abra el archivo *AppHello.java*, según vemos a continuación:

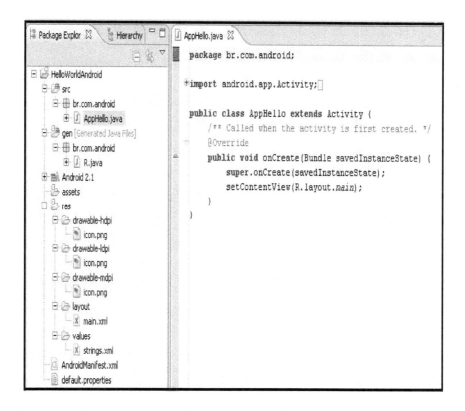

```
package br.com.android;

import android.app.Activity;

public class AppHello extends Activity {
    /** Called when the activity is first created. */
    @Override
    public void onCreate(Bundle savedInstanceState) {
        super.onCreate(savedInstanceState);
        setContentView(R.layout.main);
    }
}
```

Bueno, ahora veremos la estructura de un proyecto Android. Observad que dentro de la carpeta *"HelloWorlde Android"* existe una carpeta llamada *"src"* y dentro de esta están los códigos fuente de las aplicaciones java. Observad que el archivo *"AppHello.java"* se encuentra dentro del paquete *"es.com.android"*. Este archivo es nuestra aplicación de Android. Voy a describir con detalle el archivo *"AppHello.java"* (Vea el código de abajo):

package es.com.android;

import android.app.Activity;
import android.ios.Bundle;

public class AppHello extends Activity {

*/** es llamado cuando la primera actividad es creada */*

```
@Override

    public void onCreate(Bundle savedInstanceState) {

        super.onCreate(savedInstanceState);
    setContentView(R.layout.main);
        }
}
```

De una manera distinta a las aplicaciones comunes de Java, toda la clase para la aplicación de Android debe de ser derivada de la clase *Activity* (Actividad) y poseer como método principal, el método *onCreate*. Dentro de este método, éste invoca el método *onCreate* de la super clase pasando aún parámetro (el *savedInstanceState*), luego después de este método, viene el método *setContentView*, es el responsable de mostrar la pantalla de la aplicación, basado en los layouts en xml. Por defecto éste llama al archivo *"main.xml"*.

Dentro de la carpeta *"HelloWorlde Android"* existe un directorio llamado *"res"*, donde quedan almacenados todos los recursos utilizados por la aplicación. Dentro del directorio *"res"* existen cinco directorios, cada uno de ellos con una finalidad, que describiré ahora:

Los directorios "drawable"

Con algunas cosas distintas de algunas versiones antiguas de Android SDK, como la revisión 1, esta versión del SDK trabaja con tres directorios *"drawables"*, *drawable-hdpi, drawable-ldpi, drawable-mdpi.*

Los tres almacenan solamente imágenes, pero, ¿cuál es la diferencia entre uno y otro? Cada uno de estos directorios sólo será utilizado de acuerdo con la resolución de Android que usted está utilizando, o sea, el modelo de emulador de usted esté usando. Por ejemplo, cuando usted usa una resolución de 480x800 en su emulador, es utilizado el directorio *"drawable-hdpi"* para buscar la imagen que va a representar el ícono de su aplicación Android. Si usted va a usar una resolución 320x480 (que es la resolución por defecto del emulador Android), es utilizado el directorio "*drawable-mdpi*". Si usted usar una resolución 240x400, será utilizado el directorio "*drawable-ldpi*".

El directorio "*layout*" almacena todos los layouts de la aplicación Android, que normalmente son archivos "*.xml*". Para quien ya conoce la combinación HTML + JavaScript, Android es similar, es la combinación de XML + Java, ya que todos nuestros componentes van a ser añadidos usando tags XML. Por defecto, el archivo de layout es el *main.xml*.

Una cosa interesante que existe en esta versión (y alguna de las anteriores) es la capacidad de tener un "*preview*" de como había quedado su aplicación antes, incluso, de que usted ya ejecutara el emulador de Android, para confirmar esto, simplemente vaya al directorio "*res/layout*", y haga doble clic en el archivo "*main.xml*", y usted verá su preview, como se muestra en la siguiente imagen:

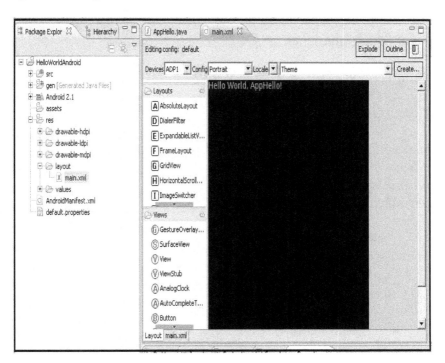

Para visualizar el código del archivo main.xml, simplemente clic en la pestaña *"main.xml"*, que se encuentra debajo de la sección *"Views"*, como se muestra en la siguiente imagen:

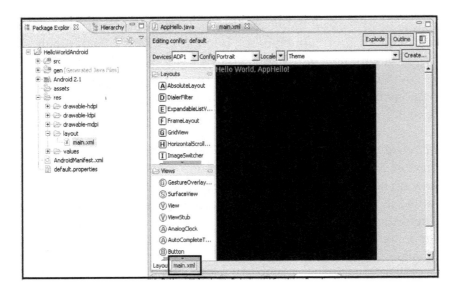

Vea el código siguiente:

```
<?xml version="1.0" encoding="utf-8"?>

<LinearLayout

xmlns:android="http://schemas.android.com/apk/res/android"
android:orientation="vertical"
android:layout_width="fill_parent"
android:layout_height="fill_parent"
>

  <TextView

android:layout_width="fill_parent"
android:layout_height="wrap_content"
android:text="@string/hello"
/>
```

</LinearLayout>

Observe que después de la primera línea (*prólogo xml*), existe una tag llamada *LinearLayout*, responsable de organizar los componentes mostrados en la pantalla, por defecto los componentes son distribuidos en vertical por el atributo *android:orientation="vertical"*.

Dentro de esta tag, existe un componente llamado *TextView*, que representa un texto para ser mostrado en la pantalla, por defecto, éste mostrará *"Hello World, AppHello"* a través del atributo *android:text="@string/hello"*, donde el valor *"@string/hello"* equivale a una constante, que está definida en el archivo *strings.xml*, que se encuentra en el directorio *"values"*, que describiré ahora.

El directorio *"values"* almacena valores estáticos que pueden ser utilizados por un archivo *".XML"*. Normalmente estos valores estáticos deben ser almacenados en el archivo *"strings.xml"*. Vaya al directorio *"res/values"* y haga doble clic en el archivo *"strings.xml"*, y verá el gestor de este archivo, como se muestra en la siguiente imagen:

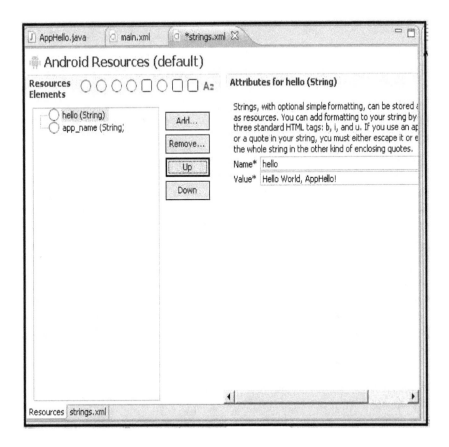

Observe que las propiedades del atributo "*hello*", está atribuido un valor a esta, que es el valor "*Hola Mundo, AppHello!*", esto quiere decir que allá en el archivo *XML*, en el componente *TextView*, tiene una propiedad llama "*android:text*", con el valor "*@string/hello*", que equivale en realidad al string "*Hola Mundo, AppHello!*". Para ver su estructura, haga clic en la pestaña "*strings.xml*". El código de este archivo será igual a lo que se muestra en el código siguiente:

```
<?xml version="1.0" encoding="utf-8"?>

<resources>

<string name="hello">Hola Mundo, AppHola!</string>
```

```
<string name="app_name">Hola Mundo Android</string>
</resources>
```

Observad que dentro de este archivo he declarado un valor estático llamado app_name, cuyo valor es *"Hola Mundo Android"*.

Dentro de la carpeta HelloWorld de Android existe un archivo llamado *"AndroidManifest.xml"* Este archivo es el sistema nervioso de una aplicación de Android. Es en éste en donde quedan las definiciones referentes a la aplicación. Haga doble clic en este archivo para abrirlo, hecho esto, verá su gestor, como se muestra en la siguiente imagen:

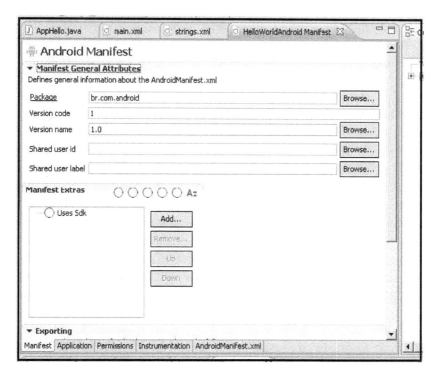

Bueno, lo que nos interesa aquí es el código. Para visualizar su código, clic en la sección *"AndroidManifest.xml"*. Vea el código siguiente:

```
<?xml version="1.0" encoding="utf-8"?>
```

```
<manifest
    xmlns:android="http://schemas.android.com/apk/res/androi
    d" package="es.com.android" android:versionCode="1"
    android:versionName="1.0">

<application
    android:icon="@drawable/icon"
    android:label="@string/app_name"> <activity
    android:name=".AppHello"
    android:label="@string/app_name">

<intent-filter>
    <action android:name="android.intent.action.MAIN" />
    <category
    android:name="android.intent.category.LAUNCHER" />
    </intent-filter> </activity>

</application>

</manifest>
```

Observad algunas tags interesantes. La tag *<application>* posee el atributo *android:icon*, en el cual se especifica el icono de la aplicación. Como había citado anteriormente, todas las imágenes quedan en el directorio *drawable* y en este directorio existe un archivo de llamado "*icon.png*" que será el icono de la aplicación. Después, para usar este icono en este atributo, se debe pasar el valor @*drawable/icon*. Observad que cuando informamos el icono, éste debe ser informado sin la extensión (en este caso, PNG).

Observad ahora la tag <activity>, define una actividad (Activity). Dentro de esta tag, tenemos el atributo llamado *android:label* que define el título de la aplicación. El título que será mostrado es el valor que está almacenado en el valor estático *app_name*. Esto lo obtenemos con el atributo *android:label="@string/app_name"*.

Como ya comenté antes, la aplicación Android no es más la combinación Java + XML. Y ahora, ¿como puede un código de

Java acceder a un componente que está escrito en XML? Esta es la finalidad del archivo *R.java* (que está dentro del paquete *"gen"*, dentro en el proyecto), éste funciona como una "interfaz" entre el código Java y el código XML, ya que si usted quiere manipular en tiempo de ejecución un componente vía Java, tendrá que hacer una interfaz con este archivo. En breve vamos a ver cómo.

OBS: El archivo *R.java* no puede ser modificado manualmente. Éste es modificado automáticamente de acuerdo con los cambios hechos en el proyecto.

Ahora vamos a ejecutar nuestra aplicación. Vamos en el menú *"Run/Run Configurations"*, como se muestra en la siguiente imagen:

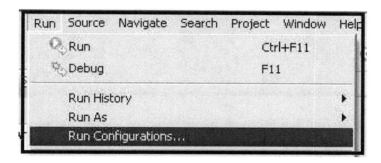

Una vez hecho esto, verá una caja de diálogo con varios ítems. Haga clic con el botón derecho del mouse en el item *Android Application"* y seleccione la opción *New*, como se muestra en la siguiente imagen:

Una vez hecho esto, en la propiedad *"Name"* ponga el valor *"AppHello"*. En *Project*, seleccione el proyecto que hemos creado haciendo clic en el botón *Browse*, con el nombre de *HelloWorld* de Android. Y por último, en *"Launch Action"*, marque la opción *"Lauch Default Activity"*. Cualquier duda vea la siguiente imagen:

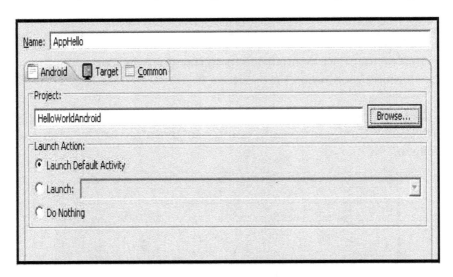

Ahora es sólo tendrá que hacer clic en *"Run"* y ejecutar la aplicación. Cuando ejecuta el emulador Android, posiblemente, podrá abrir junto con éste una caja de dialogo, como se muestra en la figura siguiente. Normalmente, se desmarca la opción *"Send usage statistics to Google"* y haga clic en *"Proceed"*.

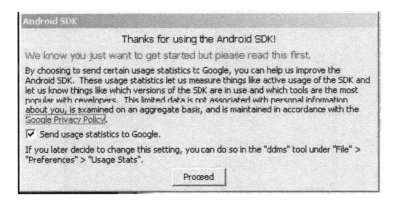

Cuando usted ejecute por primera vez el emulador de Android, verá que el emulador es una especie de IPhone. Al lado izquierdo tenemos la pantalla del dispositivo y en el lado derecho tenemos el teclado con sus funciones, como se muestra en la siguiente imagen:

Cuando inicia la ejecución del emulador, se muestra el título de Android, como puede ver en la figura de arriba. Después, viene otro título escrito "Android", con un título animado en color ceniza. Esto tarda en torno a de 2 a 10 minutos (dependiendo de su máquina. Es recomendable que tenga como mínimo 512 MB de memoria y un procesador rápido para un buen obtener un buen rendimiento en la ejecución) para que la aplicación pueda ser mostrada, aún siendo una aplicación muy simple.

Pasado el tiempo que cité arriba, nuestra aplicación será mostrada y también algunos mensajes, sólo en las ventanas. Cuando el emulador llega a esta pantalla siguiente:

Haga clic en el botón redondo con lo título "MENÚ" para desbloquear la pantalla y la aplicación continuará procesándose hasta ser cargada con éxito, como se muestra en la siguiente imagen:

Este emulador ya viene con una serie de recursos como Navegador, Aplicaciones de demostración, Mapas, Lista de contactos y etc.

Si usted, en este momento exacto, cerró el emulador después de la ejecución de la aplicación, voy a decirle una cosa: "No era necesario haber hecho esto". Si usted esperó mucho tiempo para ver esta aplicación en ejecución, cuando vuelva a ejecutarla nuevamente, tendrá que esperar el mismo tiempo. En esta situación, al ejecutar por primera vez el emulador, y si vaya a ejecutar otros programas, minimice el emulador en vez de cerrarlo, ya que si usted esperó mucho tiempo para ejecutar este programa, con éste minimizado, al ejecutar otro programa, el eclipse va a hacer uso del emulador ya abierto en vez de abrir otro, con esto, la aplicación llevará en torno a 7 a 12 segundos de media para ser ejecutada. ¡Nunca olvide esto!

Vamos a modificar esta aplicación. Minimice el emulador y vamos a abrir el archivo *"main.xml"*. En la tag *TextView* que ya fue explicada anteriormente, posee un atributo llamado *android:text*, donde en se define el título que será mostrado, modifique esta propiedad con el siguiente valor (título), como se muestra en el código siguiente:

android:text="Fala cara, beleza?"

Una vez hecho esto, guarde la aplicación y vea su *"preview"*, haciendo clic en la sección *"layout"*. Vea su preview siguiente:

Vamos a hacer otra modificación más en nuestra aplicación. Abra nuevamente el archivo *main.xml*, observe que éste posee un *TextView* correcto. Vamos a colocar dos *TextViews* más, el primer *TextView*, en el atributo *android:text* tendrá el título "Primera frase", en el segundo *TextView* tendrá el título "Segunda Frase" y así sucesivamente. Vea como quedará el código del archivo *"main.xml"*:

<?xml version="1.0" encoding="utf-8"?>

```
<LinearLayout
xmlns:android="http://schemas.android.com/apk/res/android"

        android:orientation="vertical"
        android:layout_width="fill_parent"
        android:layout_height="fill_parent" >

<TextView
        android:layout_width="fill_parent"
        android:layout_height="wrap_content"
        android:text="Primera Frase." />

<TextView
        android:layout_width="fill_parent"
        android:layout_height="wrap_content"
        android:text="Segunda Frase" />

<TextView
         android:layout_width="fill_parent"
        android:layout_height="wrap_content"
        android:text="Tercera Frase???" />

</LinearLayout>
```

Una vez hecho esto, guarde el archivo y vea su *"preview"*, como se muestra en la siguiente imagen:

¿Está entiendo como a los pocos se van haciendo las aplicaciones Android? ¡Yo creo que sí!

Como podemos ver en esta versión de Android, éste ya ofrece una utilidad que permite la creación de aplicaciones de forma rápida, simplemente arrastrando y soltando los componentes. Esto acelera el proceso de desarrollo de aplicaciones.

En este libro, vamos a trabajar en Android usando esta utilidad que acelera el proceso de desarrollo de aplicaciones, pero, en algunas ocasiones, lo haremos del modo tradicional, o sea, tecleando el código.

Ahora vamos a profundizar un poco y a hacer aplicaciones más interesantes con el uso de los Widgets (componentes) existentes en la plataforma Android.

5) Usando Widgets

Toda aplicación Android está constituida por widgets, que son componentes gráficos que constituyen una aplicación de Android. A partir de ahora conoceremos los widgets básicos que constituyen la plataforma android, para el desarrollo de las aplicaciones. De acuerdo con algunos widgets que fuimos conociendo, vamos a desarrollar aplicaciones que nos muestren el uso de estos.

5.1) El widget TextView

El widget *TextView* funciona como se fuera una Label ("etiqueta"), donde en éste podemos mostrar alguna información, mensaje y etc. En nuestra primera aplicación, tuvimos la oportunidad de usar este componente.

5.2) El widget EditText

El widget *EditText* funciona como si fuera la caja donde podemos teclear en esta los datos introducidos por el teclado.

5.3) El widget Button

El widget *Button* no es más que un Botón de comando, que cuando es clicado, dispara una acción, un evento.

5.4) Desarrollando una aplicación que suma números

Con los componentes hasta ahora vistos, ya es posible desarrollar una aplicación. Vamos a crear ahora una aplicación que haga uso de uno de estos widgets. Cree un nuevo proyecto Android con los siguientes datos:

- Project Name: SumaNumeros
- Package Name: es.com.android
- Create Activity: AppSuma
- Application Name: Suma Números

- Min SDK Version: 7

Creado el proyecto, vamos al archivo *"main.xml"* de este proyecto y como había mencionado, vamos a hacer uso de la utilidad que nos ayudará a construir nuestra aplicación de la forma rápida. Por el nombre del proyecto, podemos ver que esta aplicación es una aplicación de cálculo. Esta aplicación va a leer dos números enteros y al final, mostrará la suma de estos, simple.

Vamos al archivo *"main.xml"* de este proyecto y vamos a hacer las siguientes modificaciones. Observe que inmediatamente de inicio, éste muestra la frase *"Hello World,AppSuma!"* en el widget *TextView*, como se muestra en la siguiente imagen:

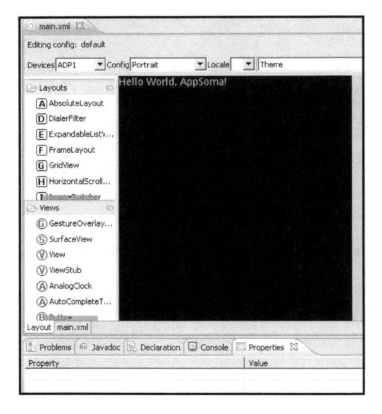

Bueno, haga clic en la frase para seleccionarla, vamos a modificar su contenido. Si usted observa de abajo existe una pestaña llamada

"Properties", que indica la propiedad de un componente debidamente en modo edición, como se muestra en la siguiente imagen:

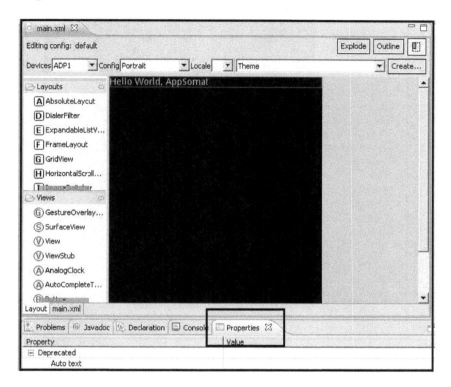

Si usted se dio cuenta, cuando hacemos clic en el componente, se mostró una serie de valores en la propiedad, esto indica los atributos de aquel componente.

Ahora vamos en la pestaña *"Properties"* encontrar una propiedad llamada *"Text"*, que indica el contenido asumido por el componente *TextView*, que en el caso es la frase "Hello World, AppHello!". Tras encontrar la propiedad *Text*, sustituya el valor corriente por la frase *"Teclee el primer número"* y tras esto, *ENTER*. El resultado que obtendrá será como se muestra en la siguiente imagen:

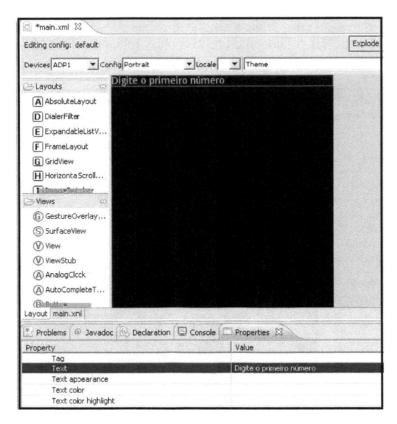

Óptimo, ahora vamos a insertar el widget *EditText*, que funciona como un campo para rellenar con valores numéricos o alfanuméricos. ¿Como vamos a añadir este componente? Si usted observa la figura de arriba, existe una sección llamada *"Views"*, es en esta donde quedan los componentes que constituyen una aplicación Android.

De entrada, encuentre el componente (widget) *EditText*, después de encontrarlo, simplemente haga clic sobre éste y arrástrelo hasta la pantalla del dispositivo, para añadirlo. El resultado será como se muestra en la siguiente imagen:

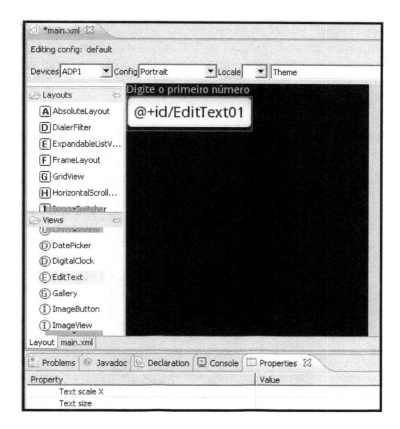

Bueno, ahora vamos a modificar dos propiedades de este componente.

Vaya a la propiedad *"id"* del componente *EditText* e inserte en esta el valor *"@+id/numero1"*. Esta propiedad sirve para dar un nombre al componente, si éste se ha creado en código Java.

El nombre de un widget debe estar en este formato:

"@+<nombre>/<nombre>"

Si observamos, el valor de este atributo es: *"@+id/numero1"*. Es cómo si el *"id"* representara un grupo y el "numero1" representara el nombre del componente. Usted ya entenderá esta anotación más adelante.

Después de esto, vamos a la propiedad *"Layout width"*, que define la anchura de un componente y definimos el valor *"fill_parent"*, que indica que el componente ocupará toda la anchura del dispositivo.

Para finalizar, vamos a modificar la propiedad *"Text"*, dejando su contenido en blanco. El resultado que verá será algo parecido a que se muestra en la siguiente imagen:

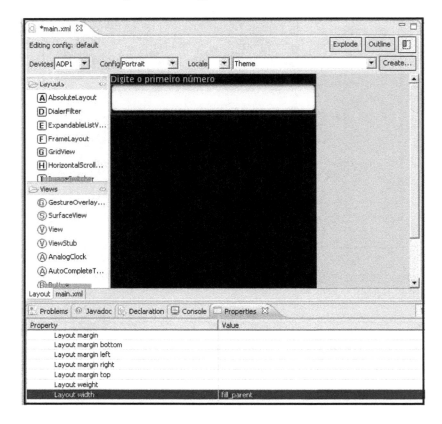

Ahora inserte, los componentes *TextView* y *EditText*.

En el segundo *TextView*, insertamos en la propiedad *Text* la frase "Teclee el segundo número".

En el segundo *EditText*, vamos a repetir los mismos procedimientos que hicimos en el primer *EditText*, sabiendo que la diferencia va estar en que la propiedad *"id"* asumirá el valor *"@+id/numero2"*. Solamente es esta la diferencia, el resto todo es igual.

Ahora vamos a insertar un componente llamado *Button* en nuestra aplicación. Tras insertarlo, modifique las propiedades de abajo con sus respectivos valores:

Tras hacer todas las modificaciones, el layout de la aplicación deberá ser parecido a lo que se muestra en la siguiente imagen:

Propiedad	Valor
Layout width	fill_parent
Id	@+id/btsumar
Text	Sumar

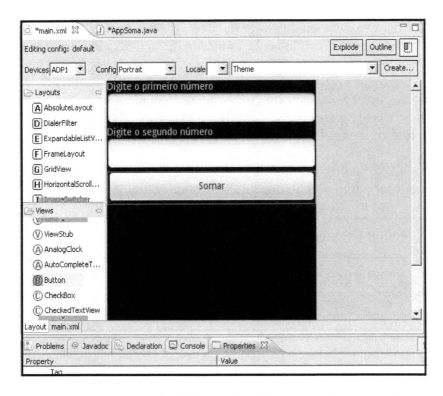

Ahora vamos a abrir el código del archivo "*AppSuma.java*", para acceder vía código Java a los componentes que añadimos vía XML. Siga los pasos aquí descritos para ver como se realiza este proceso. Después de la línea

import android.ios.Bundle;

Teclee:

import android.widget.*;
import android.view.*;
import android.app.*;

Antes de la línea:

@Override

Teclee:

EditText idnumero1,idnumero2;

Ahora vamos a la explicación del código de arriba. Como puede ver, los widgets también pueden ser usados en nuestro código Java. Si en el código XML tengo un widget del tipo *EditText*, para acceder a este componente por medio de Java, es necesario hacer uso de la clase *EditText*. Cada widget en XML posee su respectiva clase en Java, entonces, si posee un widget *Button*, para acceder a este deberá hacer uso de la clase *Button*.

Ahora, después de la línea:

setContentView(R.layout.main);

Teclee las siguientes líneas de código:

idnumero1 = (EditText) findViewById(R.id.numero1);
idnumero2 = (EditText) findViewById(R.id.numero2);
Button btsumar = (Button) findViewById(R.id.btsumar);

Ahora voy a explicar las líneas de arriba. La línea:

idnumero1 = (EditText) findViewById(R.id.numero1);

Hace referencia al primer *EditText*, a través del método *findViewById* con el parámetro *"R.id.numero1"*.

Por cierto, se acuerda del nombre del primer *EditText* que está en código XML? Este se llama *"@+id/numero1"*.

Vamos a ver como funciona, observe que para hacer referencia al *EditText* por el método *findViewById* hemos pasado el parámetro *R.id.campo1*.

Y en la segunda línea, para hacer referencia al segundo *EditText*, cuyo nombre es *"@+id/numero2"*, usamos el método *findViewById*, al que le pasamos el parámetro *R.id.numero2*.

Como usted puede ver, estoy haciendo uso de la clase *R*, que funciona como interfaz entre el código Java y el archivo XML.

El procedimiento es el mismo para el *Button*.

Ahora añadiremos un evento *Click*, en nuestro *Button*, para que cuando hagamos clic en el botón, éste muestre la suma de los números. Entonces, después de la línea:

Button btsumar = (Button) findViewById(R.id.btsumar);

Teclee:

btsumar.setOnClickListener(new View.OnClickListener(){

```
public void onClick(View arg0) {
        double num1 =
        Double.parseDouble(idnumero1.getText().toString()
        );
        double num2 =
        Double.parseDouble(idnumero2.getText().toString()
        );
         double res = int num1 + int  num2;
        AlertDialog.Builder dialogo = new
        AlertDialog.Builder(AppSuma.this);
        dialogo.setTitle("Aviso");
        dialogo.setMessage("Suma:" + res);
        dialogo.setNeutralButton("OK", null);
        dialogo.show();
}
});
```

Cada vez que hagamos clic en el botón, éste mostrará el resultado de la suma en la pantalla a través de una caja de mensaje. Perfecto! ¿Vamos a ejecutar nuestra aplicación? Para ejecutar haga los mismos procedimientos que ya vimos anteriormente. El resultado de la ejecución de esta aplicación se muestra como se ve en la siguiente imagen:

(**Aplicación que suma números**)

OBSERVACIÓN: Probablemente durante la ejecución de la aplicación, al introducir un número, aparecerá en el dispositivo un teclado virtual (como muestra la figura arriba), para ocultar éste teclado virtual sólo tiene que presionar ESC.

Ahora describiremos el código del evento *Click*. El método *setOnClickLisneter* sirve para definir un evento de *Click* a un componente. Como parámetro, creamos una instancia de *OnClickListener* y dentro de esta instancia existe un método llamado *onClick*, que será disparado cada vez que el botón es clicado.

La línea:

double num1 =
Double.parseDouble(idnumero1.getText().toString());

Cree una variable llamada *num1* y asígnele a esta el valor que está contenido en *num1*. Para ello hacemos uso del método *parseDouble* de la clase *Double* ya que el contenido es una *String*. Observad que llamamos al método *getText* de *idnumero1* para retornar el contenido. Diferente de otros muchos métodos de retorno de *String*s, el método *getText* no retorna una *String*, pero si retorna un tipo llamado *Editable*. Por esto, llamamos al método *toString* de get*Text* para que nos retornara una string. La descripción de la próxima línea y la misma.

El código siguiente:

AlertDialog.Builder dialogo = new
AlertDialog.Builder(AppSuma.this);
        dialogo.setTitle("Aviso");
        dialogo.setMessage("Suma:" + res);
        dialogo.setNeutralButton("OK", null);
        dialogo.show();

Es responsable de mostrar la suma en la pantalla, a través de la clase *AlertDialog.Builder*, responsable de crear las cajas de diálogo y las muestras en pantalla.

Con el conocimiento obtenido hasta ahora, usted ya debería de tiene la capacidad para hacer una aplicación básica en Android.

5.5) El widget CheckBox

El widget *CheckBox* funciona como un componente que puede ser marcado y desmarcado, y que también posee una etiqueta.

5.6) Desarrollando una aplicación simple de compras

Ahora vamos a hacer otra aplicación Android que va a hacer uso del widget *CheckBox*, que acabamos de conocer arriba. Nuestra aplicación consiste en un sistema simple de compras donde tengo cinco productos, Arroz (2,69), Leche (5,00), Ca rne (10,00), Pescado (2,30) y Refresco (2,00). En esta aplic ación marcamos los ítems que queremos comprar y al final el sistema mostrará el valor total de las compras.

Bueno, vamos a crear un nuevo proyecto llamado SistemaDeCompras. Siga los datos del proyecto siguiente:

Project Name: SistemaDeCompras
Package Name: es.com.android
Create Activity: AppCompra
Application Name: Sistema de Compras
Min SDK Version: 7

Vamos al archivo *"main.xml"* de este proyecto para cargar la utilidad. Tras cargarla, modifique el valor de la propiedad *Text* de la *TextView* con la frase "Teclee su producto". Una vez hecho esto, añada los siguientes componentes, en la secuencia siguiente:

CheckBox

Propiedad	Valor
Text	Arroz (2,69)
Id	@+id/chkarroz

CheckBox

Propiedad	Valor

Text	Leche (5,00)
Id	@+id/chkleche

CheckBox

Propiedad	Valor
Text	Carne (9,70)
Id	@+id/chkcarne

CheckBox

Propiedad	Valor
Text	Feijão (2,30)
Id	@+id/chkpescado

Button

Propiedad	Valor
Text	Total de las compras
Id	@+id/btotal
Layout_width	fill_parent

Al final, el layout de nuestra aplicación debe parecerse de acuerdo a la siguiente imagen:

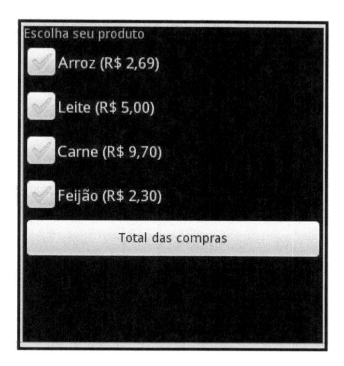

Ahora vamos a modificar el archivo *"AppCompra.java"*. El código de este archivo será como el código que se muestra a continuación:

package es.com.android;

import android.app.AlertDialog; import android.ios.Bundle;

import android.widget.*;
import android.view.*;
import android.app.*;

```
public class AppCompra extends Activity {
        CheckBox chkarroz,chkleche,chkcarne,chkpescado;
        @Override
        public void onCreate(Bundle savedInstanceState) {
        super.onCreate(savedInstanceState);
        setContentView(R.layout.main);
        chkarroz = (CheckBox) findViewById(R.id.chkarroz);
        chkleche = (CheckBox) findViewById(R.id.chkleche);
```

```
        chkcarne = (CheckBox) findViewById(R.id.chkcarne);
        chkpescado = (CheckBox) findViewById(R.id.chkpescado);
        Button bttotal = (Button) findViewById(R.id.bttotal);

bttotal.setOnClickListener(new View.OnClickListener(){
        public void onClick(View arg0) {
                double total =0;
                if(chkarroz.isChecked()) total += 2.69;
                if(chkleche.isChecked()) total += 5.00;
                if(chkcarne.isChecked()) total += 9.7;
                if(chkpescado.isChecked()) total += 2.30;

                AlertDialog.Builder dialogo = new
                AlertDialog.Builder(AppCompra.this);
                dialogo.setTitle("Aviso"); //Defino el título
                dialogo.setMessage("Valor total de la
                compraventa:" + String.valueOf(total));
                //colocando el mensaje que va a tener dentro del
                //Dialog
                dialogo.setNeutralButton("OK", null); //añadiendo
                el botón de La K
                dialogo.show(); //mostrando el Dialog
}
});
} }
```

Describiendo el código del evento *onClick*: Dentro del evento creamos una variable llamada *total* que almacena el valor total de la compraventa. Observe que tenemos cuatro estructuras *ifs* donde cada una verifica si un determinado item fue marcado, si fue marcado, incrementa el valor del item con el valor de la variable total. Al final se muestra el valor total de las compras en la pantalla.

¿Vamos ejecutar nuestra aplicación? El resultado será algo parecido a que se muestra en la siguiente imagen:

(Aplicación simple de compras)

5.7) El widget RadioButton

El widget *RadioButton* es un componente muy utilizado en las opciones de múltiple elección, donde solamente una única opción puede ser seleccionada.

5.8) Desarrollando una aplicación para calcular el salario (Con RadioButton)

Bueno, ahora vamos a hacer otra aplicación. Esta aplicación que vamos a desarrollar ahora consiste en un sistema que va a leer el salario de un operario y va a permitir que usted escoja el porcentaje de aumento salarial que puede ser del 40%, 45% y 50% y al final el sistema mostrará el salario reajustado con el nuevo aumento.

Bueno, vamos allá! Cree un nuevo proyecto Android con los siguientes datos:

Project Name: CalculoDeSalario
Package Name: es.com.android
Create Activity: AppSalario
Application Name: Cálculo del salario
Min SDK Version: 7

En esta primera versión de la aplicación, como ya hablamos antes, vamos a hacer uso del widget Radio*Button*.

Cargado el archivo *"main.xml"*, modifique la propiedad *Text* de la *TextView* con la frase "Teclee su salario ( )". Enseguida añ ada los siguientes componentes, en la secuencia:

EditText

Propiedad	Valor
Text	
Id	@+id/idsalario
Layout_width	fill_parent

TextView

Propiedad	Valor
Text	¿Cuál es su porcentaje?

Bueno, ahora vamos a añadir un componente, o mejor, una estructura, que será la responsable de agrupar los *RadioButton* dentro de esta. El nombre de esta estructura se llama

"*RadioGroup*" y que se encuentra dentro de la sección "*Layouts*", conforme a lo que se muestra en la siguiente imagen:

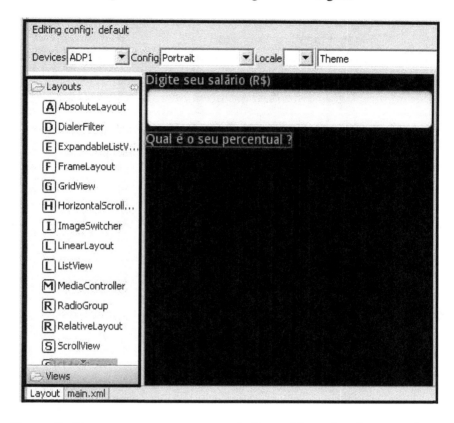

Para añadir este componente en el dispositivo simplemente haga clic sobre él y arrástrelo hasta la pantalla del dispositivo. Si observa, no muestra ningún componente seleccionado en el dispositivo, pero, si usted observa a la derecha, existe una sección llamada "*Outline*", con todos los componentes situados en la pantalla del dispositivo, visibles o no, como se muestra en la siguiente imagen:

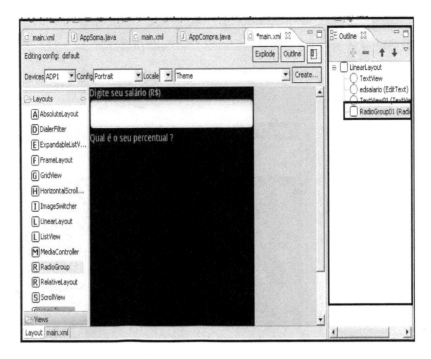

Si observa en la figura de arriba, aún no ha mostrando ningún componente seleccionado en el dispositivo, el componente que se muestra en la edición es el *RadioGroup*, pero este no se muestra ya que está vacío, sin ningún elemento de *RadioButton*.

Con el *RadioGroup* seleccionado, modifique las propiedades siguientes:

Propiedad	Valor
Orientation	vertical

Id	@+id/rgopcoes

Ahora, vamos a insertar los *RadioButton* dentro de éste. ¿Como haremos esto? En la sección *"Outline"*, haga clic con el botón derecho del sobre componente *RadioGroup "rgopcoes"* y surgirá un menú, seleccione la opción *"Add"*, como se muestra en la siguiente imagen:

Después de seleccionar la opción *"Add"*, se abrirá una caja de dialogo con una lista completa de los componentes para que usted los pueda añadir sobre el *RadioGroup*. Por el momento, sólo añadiremos *RadioButton* en éste, después seleccione el componente *RadioButton*, como se muestra en la siguiente imagen:

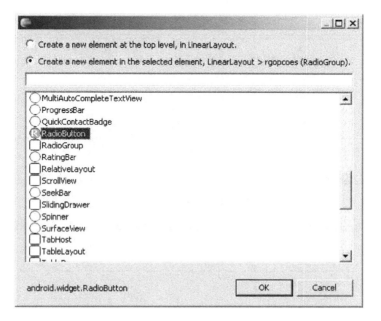

Después de esto solamente haga clic en *"OK"* para que el componente sea insertado en el *RadioGroup*. Con el *RadioButton* seleccionado, modifique las siguientes propiedades siguientes:

Propiedad	Valor
Text	40%
Id	@+id/rb40

Ahora vamos añadir dos *RadioButton* más dentro de nuestro *RadioGroup* *"rgopciones"*, para hacer esto repita los mismos procedimientos de arriba. Tras añadir los *RadioButton*, modifique las propiedades de estos, como se muestra a continuación:

RadioButton1

Propiedad	Valor
Text	45%
Id	@+id/rb45

RadioButton2

Propiedad	Valor
Text	50%
Id	@+id/rb50

Ahora, vamos a añadir un *Button*, para ello, simplemente tenemos que clicar y arrastrar el componente en la pantalla. Ahora un detalle, hay que colocar este componente en la pantalla del dispositivo pero FUERA del área del *RadioGroup*.

Tras colocar el *Button*, modifique las propiedades siguientes:

Propiedad	Valor
Text	Calcular nuevo salario
Id	@+id/btcalcular
Layout_width	fill_parent

Tras insertar todos los componentes citados, el layout de la aplicación se mostrará de forma parecida a como se muestra en la siguiente imagen:

En el archivo "*AppSalario.java*", coloque el código siguiente:

```
package es.com.android;
import android.app.Activity; import android.ios.Bundle;
import android.widget.*;
import android.view.*;
import android.app.*;
public class AppSalario extends Activity {
        @Override
        public void onCreate(Bundle savedInstanceState) {
                super.onCreate(savedInstanceState);
                setContentView(R.layout.main);
                Button btcalcular = (Button)
                findViewById(R.id.btcalcular);

btcalcular.setOnClickListener(new View.OnClickListener(){

public void onClick(View arg0) {
double salario, nuevo_salario;
EditText idsalario = (EditText) findViewById(R.id.idsalario);
salario = Double.parseDouble(idsalario.getText().toString());
RadioGroup rg = (RadioGroup) findViewById(R.id.rgopciones);
int op = rg.getCheckedRadioButtonId();
if(op==R.id.rb40)

nuevo_salario = salario + (salario * 0.4);
else if(op==R.id.rb45) nuevo_salario = salario + (salario * 0.45);
else
nuevo_salario = salario + (salario * 0.5);

AlertDialog.Builder dialog = new
AlertDialog.Builder(AppSalario.this); dialog.setTitle("Nuevo
salario");
dialog.setMessage("Su nuevo salario es:  " +
String.valueOf(nuevo_salario));
dialog.setNeutralButton("OK", null);
dialog.show();
}
}); } }
```

Vamos a la explicación de algunos códigos interesantes. Dentro del evento *Click*, realizamos el cálculo del nuevo salario del operario. Los primeros códigos del evento son similares a los programas anteriores que ya fueron debidamente explicados. La línea:

int op = rg.getCheckedRadioButtonId();

Crea una variable *op* y retorne para esta el *Id* de la opción seleccionada, o sea, qué Radio*Button* fue seleccionada.

Ahora en la condición:

if(op==R.id.rb40)

Verificamos si la opción del 40% fue seleccionada, si fuera así, realizamos el cálculo del salario con el reajuste del 40%. La misma explicación es válida para el cálculo de los otros reajustes. Ahora vamos a ejecutar nuestra aplicación. El resultado usted verá será parecido a lo que se muestra en la siguiente imagen:

(Aplicación de cálculo de salario)

5.9) El widget Spinner

El widget *Spinner* es un componente del tipo caja de combinación ("*ComboBox*") donde en éste se almacenan varios ítems para ser seleccionados. Para que un componente pueda ser seleccionado, es necesario que cliquemos en la flecha, para que los ítems puedan ser mostrados y, en consecuencia, que sean seleccionados.

5.10) Desarrollando una aplicación para calcular el salario (Con Spinner)

Bueno, ahora vamos a crear nuestra segunda versión de la aplicación de arriba, usando ahora el componente *Spinner*. Cree un nuevo proyecto Android con los siguientes datos:

Project Name: CalculoDeSalarioSpinner
Package Name: es.com.android
Create Activity: AppSalario
Application Name: Cálculo del salario
Min SDK Version: 7

En esta segunda versión de la aplicación, vamos a hacer uso del widget *Spinner*. Cargue el archivo *"main.xml"* y haga los mismos procedimientos del programa anterior, sólo que en vez de añadir el *RadioGroup* con los *RadioButton*, usted insertará solamente un componente *Spinner*. Vea a continuación las propiedades que necesitará modificar:

Propiedad	Valor
Id	@+id/spnopciones
Layout_width	fill_parent

Siguiendo estos pasos, la aplicación se verá más o menos como se muestra en la siguiente imagen:

Ahora en el archivo *"AppSalario.java"*, coloque el siguiente código:

package es.com.android; import android.app.Activity;

import android.ios.Bundle;
import android.widget.*;
import android.view.*;
import android.app.*;

public class AppSalario extends Activity {

private static final String[] porcentual = {"Del 40%","Dy 45%","Del 50%"};
ArrayAdapter<String> aPorcentual; Spinner spnsal;

@Override
public void onCreate(Bundle savedInstanceState) {

```
super.onCreate(savedInstanceState);
setContentView(R.layout.main);
Button btmostrar = (Button) findViewById(R.id.btcalcular);
aPorcentual = new
ArrayAdapter<String>(this,android.R.layout.simple_spinner_item,
porcentual);
spnsal = (Spinner) findViewById(R.id.spnopciones);
spnsal.setAdapter(aPorcentual);

btmostrar.setOnClickListener(new View.OnClickListener(){

public void onClick(View arg0) {

double salario=0, nuevo_salario = 0;
EditText idsalario = (EditText) findViewById(R.id.idsalario);
salario = Double.parseDouble(idsalario.getText().toString());
switch(spnsal.getSelectedItemPosition()) {
        case 0: nuevo_salario = salario + (salario * 0.4);
        break; case 1: nuevo_salario = salario + (salario * 0.45);
        break; case 2: nuevo_salario = salario + (salario * 0.5);
        break;}

AlertDialog.Builder dialogo = new
AlertDialog.Builder(AppSalario.this);
dialogo.setTitle("Nuevo salario");
dialogo.setMessage("Su nuevo salario es:  " +
String.valueOf(nuevo_salario));
dialogo.setNeutralButton("OK", null);
dialogo.show();
}
}); }
}
```

Observando el código del programa de arriba, podemos ver que
éste es similar a la primera versión de la aplicación, sin embargo,
quiero comentar algunos códigos interesantes de esta aplicación.
Observe que fue necesario declarar un "array" de *String* llamado
porcentual, conforme muestra el código siguiente:

private static final String[] porcentual = {"Del 40%","Del 45%","Dy 50% "};

Este "array" tiene tres elementos, correspondientes al porcentaje del aumento del salario. También fue necesario declarar un objeto del tipo *ArrayAdapter* llamado *aPorcentual*. Este objeto sirve para hacer referencia al "array" porcentual. Dentro del método *OnCreate*, está la línea de código siguiente:

aPorcentual = new ArrayAdapter<String>(this,android.R.layout.simple_spinner_item, porcentual);

Que crea una instancia de la clase *ArrayAdapter* y atribuimos esta instancia al objeto *aPorcentual*, donde cargamos en éste el "array" de *String*s de porcentajes. Después, viene la instrucción:

spnsal.setAdapter(aPorcentual);

Donde cargamos en el objeto del tipo *Spinner* una lista de opciones de porcentajes.

Ahora vamos dentro del evento *OnClick* del objeto *Button*. Dentro está el código que vemos a continuación:

```
switch(spnsal.getSelectedItemPosition()) {
        case 0: nuevo_salario = salario + (salario * 0.4);
                break;
        case 1: nuevo_salario = salario + (salario * 0.45);
                break;
        case 2: nuevo_salario = salario + (salario * 0.5);
                break;
}
```

Que verifica cual será el nuevo salario, de acuerdo con la opción seleccionada en el objeto *Spinner*. Ahora vamos a entender este código.

Observe que el objeto *spnsal*, posee un método llamado *getSelectedItemPosition*, que es el responsable de retornar el índice del item seleccionado, sabiendo que si el primer item tiene el índice cero, el segundo índice tiene el uno y así en delante. Observe que dentro de esta estructura verificamos la opción seleccionada, si fuera la primera, el nuevo salario tendría un aumento del 40%, si fuera la segunda, el aumento sería del 45% sino, el aumento sería del 50%.

Después del cálculo del nuevo salario, este será mostrado en la pantalla.

Vamos a ejecutar nuestra aplicación. El resultado de la ejecución será similar a lo que se muestra en la siguiente imagen:

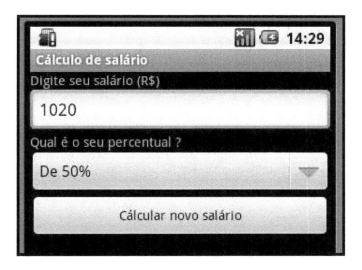

(Aplicación de cálculo de salario usando el Spinner)

5.11) El widget ListView

El Widget *ListView* es un componente que posee varios ítems para ser seleccionados, similar al componente *Spinner*. La única diferencia entre el *ListView* y el *Spinner* está en que en el componente *ListView*, los ítems ya son mostrados sin ninguna necesidad de hacer clic sobre alguna parte de éste, para que los mismos puedan ser mostrados.

Desarrollando una aplicación de lista telefónica

Ahora vamos a hacer una nueva aplicación en Android. Esta aplicación consiste en una lista telefónica que lista contactos. Cuando seleccionamos un contacto, éste muestra en la pantalla un mensaje con el nombre seleccionado. Nuestra aplicación va a hacer uso del widget llamado *ListView*, que muestra una lista conteniendo valores que pueden ser seleccionados.

Bueno, vamos a crear un nuevo proyecto. Utilice los datos siguientes:

Project Name: ListaTelefonica
Package Name: es.com.android
Create Activity: AppLista
Application Name: Lista de contactos
Min SDK Version: 7

Vamos al layout de nuestro archivo main.xml y vamos a modificar el contenido en la *TextView*, con la frase: "Escoja un contacto". Tras esto, vamos a insertar un *ListView* (que se encuentra en la pestaña "*Layouts*") y después modifique sus propiedades, de la siguiente manera:

Propiedad	Valor
Id	@+id/lstcontactos
Layout_width	fill_parent

La aplicación, después de hacer todos los pasos de arriba, debe verse similar a lo que se muestra en la siguiente imagen:

Por el hecho de que el *ListView* es una estructura de layout y no un componente, éste, como sucedió con el *RadioGroup*, está vacío y en el dispositivo no se muestra éste seleccionado.

En el archivo *AppList.java*, coloque el siguiente código:

package es.com.android;

import android.app.Activity;
import android.app.AlertDialog;
import android.ios.Bundle;
import android.widget.*;
import android.widget.AdapterView.OnItemClickListener;
import android.view.*;

public class AppLista extends Activity {
*   public ListView lista;*
public void onCreate(Bundle savedInstanceState) {

```
super.onCreate(savedInstanceState);
setContentView(R.layout.main);
ArrayAdapter<String> adapter = new
ArrayAdapter<String>(this,android.R.layout.simple_list_item_1,
contactos);
lista = (ListView) findViewById(R.id.lstcontactos);
lista.setAdapter(adapter);

lista.setOnItemClickListener(new OnItemClickListener(){
public void onItemClick(AdapterView arg0, View arg1, int arg2,
long arg3) {

if(lista.getSelectedItem()!=null){

AlertDialog.Builder dialogo = new
AlertDialog.Builder(AppLista.this);
dialogo.setTitle("Contacto seleccionado");
dialogo.setMessage(lista.getSelectedItem().toString());
dialogo.setNeutralButton("OK", null); dialogo.show();
}
}
});
}
static final String[] contactos = new String[] {
"Alline","Lucas","Rafael","Gabriela","Silvana" };
}
```

Vamos a analizar algunos códigos arriba. La línea:

```
static final String[] contactos = new String[] {
"Alline","Lucas","Rafael","Gabriela","Silvana" };
```

Creamos una constante llamada *contactos*, donde colocamos algunos nombres. Esta constante va a ser utilizada por nuestra lista. Para que podamos cargar los datos en una *ListView*, necesitamos hacer uso de la clase *ArrayAdapter*, como muestra la instrucción siguiente:

ArrayAdapter<String> adapter = new
ArrayAdapter<String>(this,android.R.layout. simple_list_item_1,
contactos);

La instrucción mostrada arriba crea una instancia de la clase *ArrayAdapter* llamada *adapter* donde cargamos en esta el vector de *String*s con la constante *contactos*. La instrucción:

lista.setAdapter(adapter);

Cargamos los valores para el *ListView*, que está contenido en el objeto *adapter*.

Como hemos visto antes, cuando se hacemos clic en un item, el sistema mostrará un mensaje del item seleccionado. Esto se consigue haciendo uso de la interfaz *OnItemClickListener*, como se muestra en la instrucción siguiente:

lista.setOnItemClickListener(new OnItemClickListener(){

public void onItemClick(AdapterView arg0, View arg1, in t
arg2,long arg3) {

if(lista.getSelectedItem()!=null)
        AlertDialog.Builder dialogo = new
        AlertDialog.Builder(AppLista.this);
        dialogo.setTitle("Contacto seleccionado");
        dialogo.setMessage(lista.getSelectedItem().toString());
        dialogo.setNeutralButton("OK", null);
        dialogo.show();
}
});

Cada vez que hacemos clic en un item de la lista, el método *onItemClick* será disparado y ejecutado el comando siguiente:

if(lista.getSelectedItem()!=null){
        AlertDialog.Builder dialogo = new
        AlertDialog.Builder(AppLista.this);

dialogo.setTitle("Contacto seleccionado");
dialogo.setMessage(lista.getSelectedItem().toString());
dialogo.setNeutralButton("OK", null); dialogo.show();
}

Muestra el nombre del item seleccionado, si éste está seleccionado. La obtención del item clicado se hace llamando el método *getSelectedItem()*. Sin embargo, como éste retorna un tipo *Object*, necesitamos convertir el *String* el item clicado, a través del método *toString*.

Vamos a ejecutar la aplicación. El resultado que usted verá será similar a lo que se muestra en la siguiente imagen:

(Aplicación de lista de contactos)

5.12) El widget Imageview

El widget *ImageView* es un componente que permite que visualicemos imágenes dentro de éste. Las imágenes soportadas por este componente son imágenes en el formato JPEG, GIF y PNG.

5.13) Desarrollando una aplicación que visualiza imágenes

Ahora vamos a desarrollar una aplicación que visualiza imágenes, usando el componente *ImageView*.

Ahora cree un nuevo proyecto utilizando los datos siguientes:

Project Name: VisualizadorDeImagenes
Package Name: es.com.android
Create Activity Name: AppImagen
Application Name: Visualizador de Imágenes
Min SDK Version: 7

Antes de iniciar la codificación del programa, debería de colocar dos imágenes JPEG (con la extensión.jpg) utilice dos imágenes que tenga en su disco duro. Para importar un archivo, haga clic con el botón derecho del mouse sobre la carpeta que contenga el archivo que desea importar y seleccione "*Import*", después seleccione **File System**. Luego haga clic en el botón *browser* para seleccionar el directorio donde se encuentran las imágenes, tras seleccionarlo, marque los dos archivos (imágenes) para que ellos sean importados a la carpeta "res/drawable-mdpi". Vea la siguiente imagen:

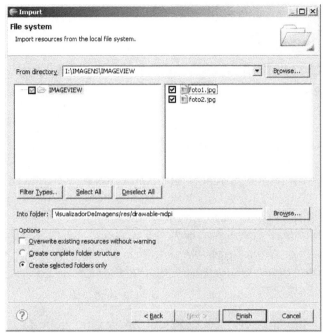

(Importando imágenes para aplicación)

Tras esto, ya solamente tiene que hacer clic en "*Finish*".

Ahora en el layout del archivo "*main.xml*", borre el componente *TextView* que se encuentra en la pantalla del dispositivo. ¿Usted cree que para eliminar un componente del layout del dispositivo simplemente hay que seleccionar a éste y presionar DELETE? No se engañe…es muy parecido. Para borrar el componente seleccione y haga clic con el botón derecho del mouse sobre éste y escoja la opción "*Remove*",como se muestra en la siguiente imagen:

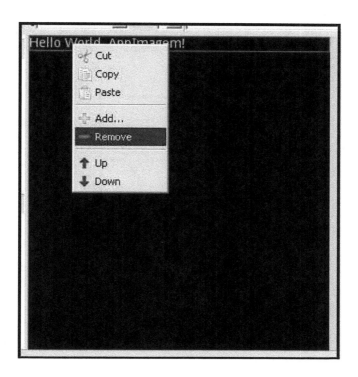

Ahora siga los pasos de abajo para construir nuestra aplicación.

Vaya en la sección *"Outline"* y haga clic con el botón derecho sobre el *LinearLayout* y seleccione la opción *"Add"*, como se muestra en la siguiente imagen:

Ahora vamos añadir otro *"LinearLayout"* dentro de éste. El resultado lo verá en la sección *Outline*, como en la siguiente imagen:

Ahora en esta estructura *"LinearLayout"* que insertamos, vamos a modificar la propiedad siguiente:

Propiedad	Valor
Orientation	horizontal

Ahora dentro de la estructura *"LinearLayout"* que configuramos arriba, vamos a insertar los siguientes componentes, en la siguiente secuencia (use el mismo procedimiento que hicimos para insertar la segunda estructura *"LinearLayout"*):

ImageView

Propiedad	Valor
Id	@+id/imagen

Src	@drawable/foto1

Bueno antes de proseguir, quiero explicar la propiedad "*Src*". En esta propiedad definimos la imagen "regular" o corriente que aparecerá en la pantalla que será especificada por la notación "*@drawable/foto1*", ahora explicamos esta notación.

Si usted se dió cuenta, cuando importamos las dos imágenes que serían utilizadas por nuestro programa, estas imágenes quedaron dentro del directorio "*drawable-mdpi*" ¿correcto? Sin embargo, cuando especificamos por la propiedad "*Src*" el nombre del directorio de las imágenes siempre será @*drawable*. Otro detalle: Cuando especificamos el nombre del archivo de la imagen, el nombre del archivo no puede contener la extensión de éste, esta es la regla.

TextView

Propiedad	Valor
Id	@+id/txtinfo
Text	Foto 1

Siguiendo los pasos de arriba, el resultado del layout se mostrará parecido a lo que se muestra en la siguiente imagen:

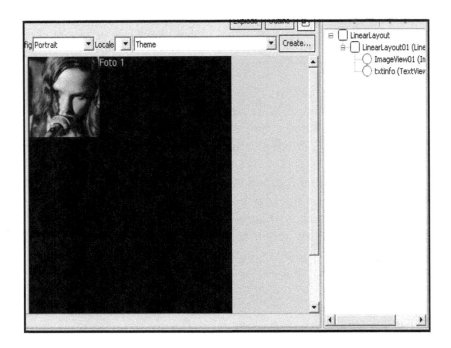

Ahora vamos a colocar en la secuencia dos buttons, sólo que estos dos componentes van a estar dentro de la primera estructura *LinearLayout*, o sea, de la estructura principal. Utilice las propiedades que se muestran a continuación, las que necesiten ser modificadas:

*Button*1

Propiedad	Valor
Id	@+id/btimagen1
Text	Mostrar foto 1

Layout_width	fill_parent

Button2

Propiedad	Valor
Id	@+id/btimagen2
Text	Mostrar foto 2
Layout_width	fill_parent

Tras seguir todos los pasos descritos arriba, la aplicación tiene que parecerse a lo que se muestra en la siguiente imagen:

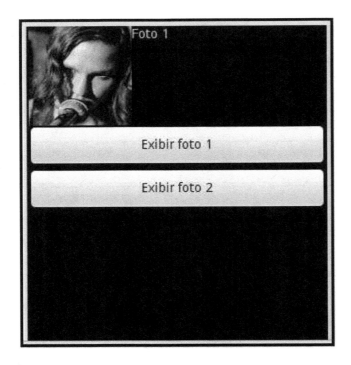

Ahora en el archivo *AppImage.java* coloque el código siguiente:

```
package es.com.android;

import android.app.Activity;
import android.ios.Bundle;
import android.view.*;
import android.widget.*;

public class AppImagen extends Activity {
ImageView imagen;
TextView txt;
@Override

public void onCreate(Bundle savedInstanceState) {
super.onCreate(savedInstanceState);

setContentView(R.layout.main);
Button btfoto1 = (Button) findViewById(R.id.btimagen1);
```

```
Button btfoto2 = (Button) findViewById(R.id.btimagen2);
imagen = (ImageView) findViewById(R.id.imagen);
txt = (TextView) findViewById(R.id.txtinfo);

btfoto1.setOnClickListener(new View.OnClickListener(){
        public void onClick(View arg0) {
                imagen.setImageRestource(R.drawable.foto1);
                txt.setText("Foto 1");
} });

btfoto2.setOnClickListener(new View.OnClickListener(){
        public void onClick(View arg0) {
                imagen.setImageRestource(R.drawable.foto2);
                txt.setText("Foto 2");
}
});
} }
```

Ahora vamos a analizar algunas partes del código. Vamos al evento *Click* referente a la apertura de la primera imagen. El código:

imagen.setImageRestource(R.drawable.foto1);

Este es el responsable de abrir la imagen "*foto1.jpg*" y de mostrar el componente. Observe que le fue pasado el parámetro "*R.drawable.foto1*" donde "drawable" corresponde a la carpeta y "*foto1*" corresponde al archivo "*foto1.jpg*". Después de viene el código:

txt.setText("Foto 1");

Cuya finalidad es cambiar el título de la *TextView*, de acuerdo con la *String* pasada como parámetro.

El comentario de arriba es el mismo para el segundo botón en lo referente a la apertura de la segunda imagen.

Vamos a ejecutar nuestra aplicación. El resultado que verá será parecido a las imágenes siguientes:

(Aplicación con la primera foto en exhibición)

(Aplicación con la segunda foto en exhibición)

5.14) El widget Gallery

En la aplicación anterior, hicimos uso del widget *ImageView*. Note que usamos el mismo widget para visualizar dos imágenes distintas. Ahora en esta segunda aplicación vamos a hacer uso del widget *Gallery*. Este widget funciona como un grupo de *ImageView* donde cada foto puede ser visualizada simplemente arrastrando el mouse o haciendo clic en las flechas derecha o izquierda del SmartPhone.

5.15) Desarrollando una aplicación que visualiza imágenes (Con Gallery)

Bueno, vamos a construir nuestra aplicación. Cree un nuevo proyecto utilizando los datos siguientes:

Project Name: GaleriaDeImagenes
Package Name: es.com.android
Create Activity: AppGallery
Application Name: Galería de Imágenes
Min SDK Version: 7

Tras creado el proyecto, coloque en la carpeta de imágenes de Android (*res/drawable-mdpi*), tres imágenes que tenga en su disco duro y nombre los archivos como "imagen1.jpg", "imagen2.jpg" y "imagen3.jpg".

Ahora vamos a crear una clase llamada "*ImageAdapter*", que será una clase que utilizaremos en nuestra aplicación y que es esencial para el funcionamiento del componente *Gallery*. Siga los pasos siguientes:

Vaya en el menú a *File/New/Class*, como se muestra en la siguiente imagen:

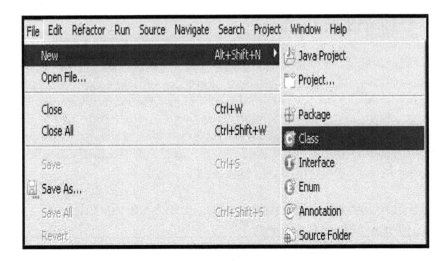

Ahora, rellene los siguientes datos:

Source folder: GaleriaDeImagenes/src
Package: es.com.android
Name: ImageAdapter

Siguiendo los pasos de arriba, los datos deben estar de acuerdo con la siguiente imagen:

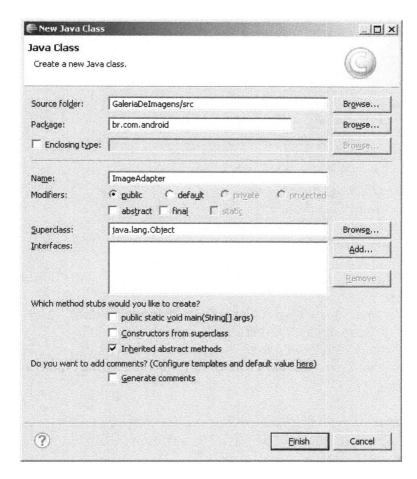

Si estuviera todo OK, ya sólo faltaría presionar el botón *"Finish"*, para que la clase pueda ser creada. Después coloque el código siguiente:

package es.com.android;

import android.comtent.Context; import android.view.*;
import android.widget.*;

public class ImageAdapter extends BaseAdapter {
private Context myContext;

/* En este array son colocadas las imágenes que serán mostradas en el componente Gallery.*/

private int[] myImageIds = { R.drawable.imagen1, R.drawable.imagen2, R.drawable.imagen3, };
public ImageAdapter(Context c) {
        this.myContext = c; }
public int getCount() {
        return this.myImageIds.length; }
public Object getItem(int position) {
        return position; }
public long getItemId(int position) {
        return position; }

public View getView(int position, View convertView, ViewGroup parent) {
        ImageView i = new ImageView(this.myContext);
        i.setImageRestource(this.myImageIds[position]);
        i.setScaleType(ImageView.ScaleType.FIT_XY);
        i.setLayoutParams(new Gallery.LayoutParams(150, 150));
return i; }

public float getScale(boolean focused, int offset) {
        return Math.max(0, 1.0f / (float)Math.pow(2, Math.abs(offset))); }
}

Observad que dentro de esta clase existe un array llamado *"myImageIds"*, donde almacenamos las imágenes que serán visualizadas en el componente.

Ahora, cargue el archivo *main.xml* y modifique el contenido de la *TextView* con la frase: "Visualización de Imágenes" y, después, inserte en el dispositivo el componente *Gallery*. Modifique las propiedades del componente *Gallery* según le mostramos a continuación:

Propiedad	Valor
Id	@+id/gallery
Layout_width	fill_parent

Una vez hecho esto, vamos en el archivo *"AppGallery.java"*, y lo modificamos con el código siguiente:

```
package es.com.android;

import android.app.Activity;
import android.ios.Bundle;
import android.widget.*;

public class AppGallery extends Activity {
        public void onCreate(Bundle savedInstanceState) {
        super.onCreate(savedInstanceState);
        setContentView(R.layout.main);
        ((Gallery) findViewById(R.id.gallery)).setAdapter(new
ImageAdapter(this));
}
}
```

Ahora vamos a ejecutar nuestra aplicación. El resultado de la ejecución será similar al que se muestra en las figuras siguientes:

(Aplicación con la primera foto mostrada)

(Aplicación con la segunda foto mostrada)

(Aplicación con la tercera foto mostrada)

Ahora vamos a hacer esta aplicación más interesante. Vamos a colocar en esta aplicación un *ImageView*, que almacenará la imagen selecciona en el componente *Gallery*. Ahora cargue nuevamente el archivo *main.xml* y después, coloque los siguientes componentes, en la secuencia:

TextView

Propiedad	Valor
Text	Imagen seleccionada

ImageView

Propiedad	Valor
Id	@+id/imagen
Layout_width	fill_parent

Ahora vamos al archivo *"AppGallery.java"* y sustituimos el código reciente por el siguiente código nuevo:

```
package es.com.android;

import android.app.Activity;
import android.ios.Bundle;
import android.view.*;
import android.widget.*;

public class AppGallery extends Activity {
        Gallery g; ImageView imagen;
        private int[] myImageIds = { R.drawable.imagen1,
        R.drawable.imagen2, R.drawable.imagen3, };
        public void onCreate(Bundle savedInstanceState) {
        super.onCreate(savedInstanceState);
        setContentView(R.layout.main);
        g = (Gallery) findViewById(R.id.gallery);
        g.setAdapter(new ImageAdapter(this));
        imagen = (ImageView) findViewById(R.id.imagen);

g.setOnItemClickListener(new
AdapterView.OnItemClickListener(){
```

```
public void onItemClick(AdapterView<?> arg0, View arg1, int
arg2, long arg3) {
        imagen.setImageRestource(myImageIds[arg2]);
        Toast.makeText(getBaseContext(), "Figura " + (arg2 + 1)
        + " seleccionada", Toast.LENGTH_SHORT).show();
}
});
} }
```

¿Cuáles fueron las modificaciones de este programa? En este programa fue añadido un componente llamado *ImageView*, que hace referencia al componente *ImageView* en el archivo XML, como muestra el código siguiente:

ImageView imagen;

También añadimos a la aplicación el array que contiene todas las referencias de las imágenes contenidas en el proyecto, según se muestra en el código siguiente:

```
private int[] myImageIds = {
        R.drawable.imagen1, R.drawable.imagen2,
        R.drawable.imagen3, };
```

Dentro del método *onCreate* se ha hecho una referencia al componente *ImageView* contenido en el XML y definimos el evento *OnItemClickListener*, del componente *Gallery*. Vamos a analizar el código siguiente:

```
imagen.setImageRestource(myImageIds[arg2]);
Toast.makeText(getBaseContext(), "Figura " + (arg2 + 1) + "
seleccionada", Toast.LENGTH_SHORT).show();
```

La primera instrucción carga la imagen seleccionada en el componente *Gallery* en el *ImageView*, a través del método *setImageRestource*, cuyo parámetro es el valor del índice del vector.

La segunda instrucción hace uso del método *makeText*, de la clase *Toast*, cuya finalidad es mostrar un pequeño mensaje en la pantalla durante un tiempo breve.

En el primer parámetro de este método siempre pasamos el valor *getBaseContext()*. En el segundo parámetro, pasamos el contenido que será mostrado en la pantalla. En el tercero parámetro, definimos el tiempo que se mostrará el mensaje en la pantalla.

Ejecute la aplicación. El resultado que verá será similar al que se muestra en la siguiente imagen:

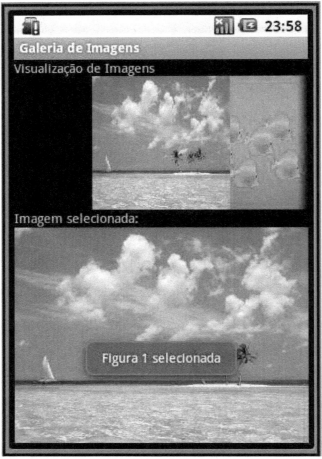

(Aplicación de imágenes optimizada)

5.16) El widget ProgressBar

Ahora veremos un widget de Android que consiste en una *ProgressBar* (Barra de progreso). Esta es muy utilizada cuando queremos indicar que algún proceso está en marcha. Por ejemplo, cuando sucede la instalación de un programa o cuando se hace un download de un archivo, normalmente se muestra una barra con un porcentaje que indica la marcha del proceso en cuestión. Eso es una barra de progreso.

5.17) Desarrollando una aplicación que simula un download

Para demostrar el uso del componente *ProgressBar*, crearemos una aplicación que va a simular un download, donde el proceso de este download será realizado por este componente. Vamos a crear un nuevo proyecto en Android con los siguientes datos:

Project Name: ExemploProgressBar
Package Name: es.com.android
Create Activity: AppProgressBar
Application Name: Ejemplo con ProgressBar
Min SDK Version: 7

Ahora en el archivo de layout modifique el contenido de la *TextView* con la siguiente frase: "Status download".

Después, añada los siguientes componentes en la secuencia:

ProgressBar

Propiedad	Valor
Id	@+id/progreso

Layout_width	fill_parent
Style	?android:attr/progressBarStyleHorizontal
Max	100

Button

Propiedad	**Valor**
Id	@+id/progreso
Layout_width	fill_parent
Text	Efectuar download

Siguiendo los pasos arriba, la aplicación deberá ser similar de acuerdo con la aplicación de la siguiente imagen:

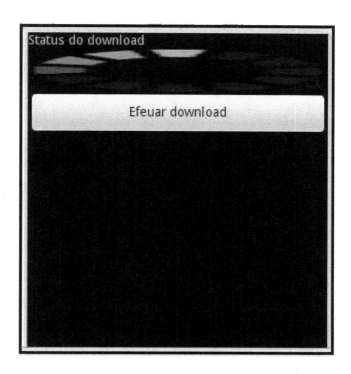

Viendo el layout de arriba, tal vez se preguntará: Espere ahí, ¿no definimos una barra de progreso horizontal? Sí, la definimos sí. Sin embargo, en tiempo de proyecto, la imagen por defecto del componente *ProgressBar* es un anillo. En tiempo de proyecto, cuando modificamos el estilo de esta, esta no sufre ningún cambio en cuanto al dibujo de esta, esto es normal. Cuando ejecutemos la aplicación, verá que el estilo de la *ProgressBar* estará tal cual con el estilo que seleccionamos.

Ahora vaya al archivo *"AppProgressBar.java"* y coloque el siguiente código:

package es.com.android;

import android.app.Activity;
import android.ios.Bundle;
import android.ios.Handler;
import android.view.View;
import android.widget.;*

```
public class AppProgressBar extends Activity implements
Runnable{
        ProgressBar p;
        Button b;
        Thread t;
        Handler h;
        int i;

        @Override
        public void onCreate(Bundle savedInstanceState) {
        super.onCreate(savedInstanceState);
        setContentView(R.layout.main);
        p = (ProgressBar) findViewById(R.id.progreso);
        b = (Button) findViewById(R.id.btdownload);
        b.setOnClickListener(new View.OnClickListener(){
        public void onClick(View v) {
        h= new Handler();
        t= new Thread(AppProgressBar.this);
        t.start();
}
});
}

public void run() { i=1; try { while(i<=100) {
        Thread.sleep(100);
        h.post(new Runnable(){
                public void run() {
                        p.setProgress(i++);
}
}); } }catch(Exception y) {}
} }
```

Ahora voy a explicar el código de este programa. Observe la declaración de la clase siguiente:

```
public class AppProgressBar extends Activity implements
Runnable{
```

Además de derivar de la clase *Activity*, implementamos también la interfaz *Runnable*. Esta interfaz tiene un método abstracto llamado "*run*", que es bastante utilizado por "*Threads*". Un *Thread* consiste en un proceso que es ejecutado en "paralelo" con el programa que lo invocó, o sea, cuando una *Thread* es ejecutado, no es necesario que la próxima instrucción (o instrucciones) de después del *Thread* espere a que este finalice, estos pueden ser ejecutados en paralelo.

Vea las declaraciones siguientes:

Thread t;
Handler h;

Aquí es declarado una variable del tipo *Thread*, y otra del tipo *Handler* (que consiste también en un *Thread*). La variable del tipo *Handler* es utilizada cuando queremos manipular los widgets en tiempo de ejecución dentro de un *Thread*.

Vamos al evento *onClick* del botón. Vea el código siguiente:

```
public void onClick(View v) {
        h= new Handler(); t= new Thread(AppProgressBar.this);
        t.start();
}
```

En el evento *onClick*, creamos una instancia de la clase *Handler* y atribuimos esta instancia a la variable "*h*". Después, creamos una instancia de la clase *Thread* y atribuimos esta instancia a la variable "*t*" y después, disparamos el *Thread* con el método *start*, ejecutando así el método *run*. Vamos al código del método *run*.

```
public void run() { i=1; try { while(i<=100) {
        Thread.sleep(100);
        h.post(new Runnable(){ public void run() {
                p.setProgress(i++);
}
}); }}catch(Exception y) {} }
```

Vamos a analizar el código de dentro del "*loop*". La instrucción:

Thread.sleep(100);

Genera un retraso de 100 milisegundos. Después viene la instrucción:

```
h.post(new Runnable(){
    public void run() {
        p.setProgress(i++);
    }
});
```

La instrucción de arriba, es la responsable de incrementar el valor de progreso del widget *ProgressBar*. Cuando usamos un *Thread* y queremos modificar el valor de algún componente (widget), necesitamos disparar un método *post* y dentro de este, crear una instancia de la interfaz *Runnable*, con el método *run* donde en éste, es ejecutada la instrucción responsable de modificar el valor de un componente.

Vamos a ejecutar nuestra aplicación. El resultado se verá similar a la siguiente imagen:

(Aplicación que simula un download)

5.18) El widget DatePicker

El componente *DatePicker* funciona como si fuera un calendario donde especificamos o consultamos una determinada fecha.

5.19) Desarrollando una aplicación de calendario

Cree un nuevo proyecto con los datos siguientes:

Project Name: Calendario
Package Name: es.com.android
Create Activity: AppCalendario
Application Name: Calendario
Min SDK Version: 7

Tras cargar el layout del archivo *"main.xml"*, modifique el contenido de la *TextView* con la frase: Seleccione la fecha.

Ahora, inserte los siguientes componentes en la secuencia:

DatePicker

Propiedad	Valor
Id	@+id/fecha
Layout_width	fill_parent

Button

Propiedad	Valor

Id	@+id/btdata
Layout_width	fill_parent
Text	Mostrar fecha

Siguiendo los pasos de arriba, la aplicación deberá ser similar a la siguiente imagen:

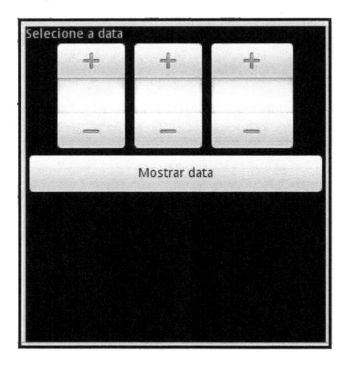

Y por último, vaya al archivo "*AppData.java*" y coloque el código siguiente:

```
package es.com.android;

import android.app.Activity;
import android.app.AlertDialog;
import android.ios.Bundle;
import android.view.View;
import android.widget.*;

public class AppCalendario extends Activity {
        DatePicker dp;
        @Override

public void onCreate(Bundle savedInstanceState) {
        super.onCreate(savedInstanceState);
        setContentView(R.layout.main);
        Button b = (Button) findViewById(R.id.btdata);
        dp = (DatePicker) findViewById(R.id.data);
        dp.updateDate(2009, 04, 23);
        b.setOnClickListener(new View.OnClickListener(){
        public void onClick(View v) {
                AlertDialog.Builder dialogo = new
                AlertDialog.Builder(AppCalendario.this);
                dialogo.setMessage("Fecha seleccionada: " +
                String.valueOf(dp.getDayOfMonth()) + "/" +
                String.valueOf(dp.getMonth()
                + 1) + "/" + String.valueOf(dp.getYear()));
                dialogo.setNeutralButton("OK", null);
                dialogo.setTitle("Fecha");
                dialogo.show();
}
});
} }
```

Vamos a ejecutar nuestra aplicación. El resultado se verá similar a la siguiente imagen:

(Aplicación de calendario)

5.20) El widget *TimePicker*

El componente *TimePicker* funciona como si fuera un *DatePicker*, sólo que en vez de trabajar con fechas, trabaja con horas.

5.21) Desarrollando una aplicación que hace uso del TimePicker

Cree un nuevo proyecto con los siguientes datos siguiente:

Project Name: EjemploTimePicker
Package Name: es.com.android
Create Activity: AppTime
Application Name: Ejemplo con TimePicker
Min SDK Version: 7

Ahora cargue el archivo de layout *"main.xml"* y modifique el contenido de la *TextView* con la siguiente frase: "Seleccione la hora:". Ahora, añada los siguientes componentes en la secuencia:

TimePicker

Propiedad	Valor
Id	@+id/hora
Layout_width	fill_parent

Button

Propiedad	Valor
Id	@+id/btmostrar
Layout_width	fill_parent
Text	Mostrar hora

Según los pasos de arriba, la aplicación debe deberá de ser similar al layout siguiente:

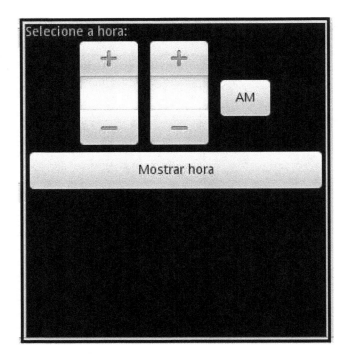

Y por último, vaya al archivo *"AppTime.java"* y coloque el siguiente código:

package es.com.android;

import android.app.Activity;
import android.app.AlertDialog;
import android.ios.Bundle;
import android.view.View;
import android.widget.*;

public class AppTime extends Activity {
*   TimePicker tp;*
*   @Override*
*   public void onCreate(Bundle savedInstanceState) {*
*   super.onCreate(savedInstanceState);*
*   setContentView(R.layout.main);*
*   Button btmostrar = (Button) findViewById(R.id.btmostrar);*
*   tp = (TimePicker) findViewById(R.id.hora);*

```
btmostrar.setOnClickListener(new View.OnClickListener(){
public void onClick(View v) {
        AlertDialog.Builder dialogo = new
        AlertDialog.Builder(AppTime.this);
        dialogo.setMessage("Hora seleccionada: " +
        String.valueOf(tp.getCurrentHour()
        + 1) + ":" +
        String.valueOf(tp.getCurrentMinute()));
        dialogo.setNeutralButton("OK", null);
        dialogo.setTitle("Hora");
        dialogo.show();
}
});
} }
```

Vamos a ejecutar nuestra aplicación. El resultado que verá será similar a lo que se muestra en la siguiente imagen:

(Aplicación que demuestra el uso del TimePicker)

6) Cambiando los layouts

Hasta ahora hicimos aplicaciones en Android que utilizaran un único layout. Ahora vamos a hacer aplicaciones Android que utilicen más de un layout.

Vamos a crear un nuevo proyecto de demostración llamado *CambiodeLayouts*, según los datos siguientes:

Project Name: CambiodeLayouts
Package Name: es.com.android
Create Activity: AppLayout
Application Name: Cambiando de layouts
Min SDK Version: 7

Cargue el archivo de layout *"main.xml"* y modifique el contenido de la *TextView*, con la siguiente frase: "Usted está en la pantalla principal". Ahora añada un *Button* y modifique las siguientes propiedades:

Button

Propiedad	Valor
Id	@+id/btpantalla2
Layout width	fill_parent
Text	Ir hacia la pantalla 2

Siguiendo los pasos de arriba, la aplicación debe de parecerse a lo que se muestra en la siguiente imagen:

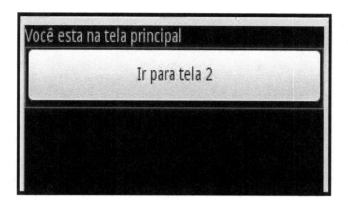

Ahora vamos a crear un nuevo archivo llamado *"pantalla2.xml"*, que va a estar también dentro de la carpeta *"layout"*. Siga los siguientes pasos:

Haga clic con el botón derecho sobre la carpeta *"layout"* y seleccione la opción *"New/File"*, como se muestra en la siguiente imagen:

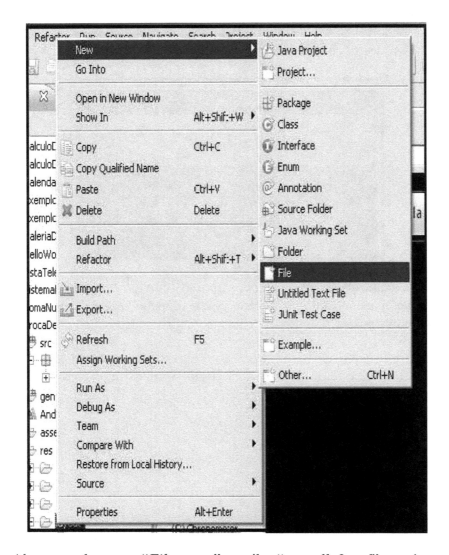

Ahora en el campo "*File name*" escriba "*pantalla2.xml*", según se muestra en la figura de abajo e inmediatamente después, haga clic en "*Finish*".

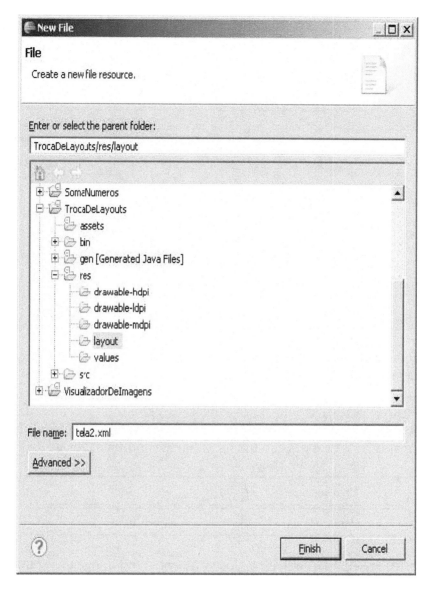

Al cargar el archivo *"pantalla2.xml"*, se mostrará la pantalla siguiente:

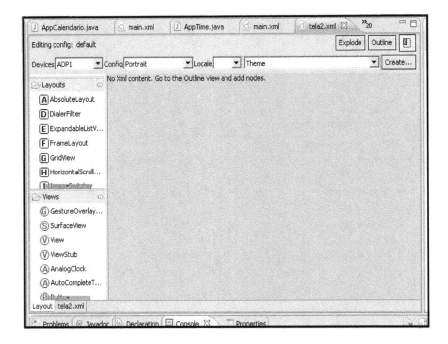

Esto sucedió por el hecho de que el archivo xml está vacío. Ahora, siga los pasos siguientes:

Arrastre hacia el medio de la pantalla (región color ceniza de la pantalla) la estructura *LinearLayout* (que se encuentra en la pestaña "*Layouts*"). Y después cambie las siguientes propiedades de esta:

Propiedad	Valor
Orientation	vertical

Luego enseguida, adicione los siguientes componentes, en la secuencia: *TextView*

Propiedad	Valor
Text	Usted está en la pantalla 2

Button

Propiedad	Valor
Id	@+id/*btpantallaprincipal*
Layout width	fill_parent
Text	Ir pata pantalla principal

Siguiendo los pasos de arriba, el layout del archivo "*pantalla2.xml*" debe verá de manera similar a lo que muestra en la siguiente imagen:

Después de realizar estos pasos, modifique el archivo "*AppLayout.java*", colocando el código siguiente:

```
package es.com.android;

import android.app.Activity;
import android.ios.Bundle;
import android.view.*;
import android.widget.*;

public class AppLayout extends Activity {
    public void CargaPantallaPrincipal() {
    setContentView(R.layout.main);
    Button btpantalla2 = (Button)
    findViewById(R.id.btpantalla2);
    btpantalla2.setOnClickListener(new
    View.OnClickListener(){ public void onClick(View arg0) {
    CargarPantalla2(); } }); }

    public void CargarPantalla2() {
    setContentView(R.layout.pantalla2);
    Button btpantallaprincipal = (Button)
    findViewById(R.id.btpantallaprincipal);
    btpantallaprincipal.setOnClickListener(new
    View.OnClickListener(){
    public void onClick(View arg0) {
    CargaPantallaPrincipal();
    } });
    }
@Override

public void onCreate(Bundle savedInstanceState) {
    super.onCreate(savedInstanceState);
    CargaPantallaPrincipal();
} }
```

Observad que en esta clase hemos creado dos métodos:
CargaPantallaPrincipal y *CargarPantalla2*. Toda aplicación que
utilice más de un layout, la carga de los layouts y de sus
respectivos widgets deben de estar separados en funciones
desarrolladas para este propósito. Después, el método
CargaPantallaPrincipal carga el layout principal y sus respectivos

componentes, lo mismo es válido para el método *CargarPantalla2*, que carga el layout de la pantalla 2 y sus respectivos componentes. Una vez hecho esto, ejecute la aplicación. Vea el resultado siguiente:

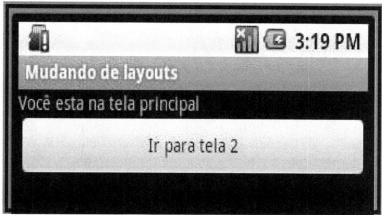

(Aplicación en el layout principal)

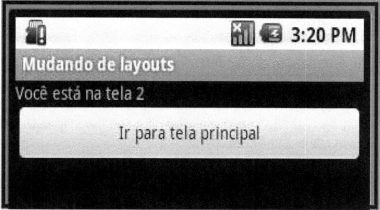

(Aplicación en el segundo layout)

6.1) Desarrollando una aplicación de dar de alta

Ahora vamos a destarrollar una aplicación de dar de alta. Esta aplicación consiste en una que da de alta a personas, donde podemos dar de alta datos como: Nombre, Profesión y Edad. Esta aplicación va a hacer uso de tres layouts:

El layout principal: Este layout dará acceso al layout de dar de alta y el layout de visualización de datos.

El layout de dar de alta: En este layout es donde será efectuado el dar de alta de los datos de la persona.

El layout de visualización de datos: En este layout es donde serán visualizados los datos dar de alta. Si ningún dato fue dado de alta, será mostrado un mensaje informando sobre esta situación.

En esta aplicación, para almacenar los datos, hacemos uno de una estructura de datos FIFO o Fila. En esta estructura, los datos son almacenados en secuencia, y accedidos en secuencia, o sea, el primer dato en entrar será el primero a ser mostrado.

Bueno, vamos a construir nuestra aplicación. Cree un nuevo proyecto con los datos siguiente:

Project Name: AplicacionDeRegistro
Package Name: es.com.android
Create Activity: AppRegistro
Application Name: Aplicación de Dar de alta
Min SDK Version: 7

Dentro de la carpeta *"res/drawable-mdpi"*, coloque una imagen, que tenga en su disco duro, y llámela *"profile.png"* y representará el icono de nuestra aplicación.

Ahora cargue el archivo *"main.xml"* y BORRE la *TextView* que se encuentra en la pantalla del layout del dispositivo. Este procedimiento ya fue mostrado anteriormente.

Ahora coloque los siguientes componentes, en la secuencia:

ImageView

Propiedad	Valor
Src	@drawable/profile

TextView

Propiedad	Valor
Text	Bienvenido a la Aplicación de Dar de alta de Personas. Este es un pequeño programa de demostración de dar de alta. Seleccione una de las siguientes opciones:

Button

Propiedad	Valor
Id	@+principal/btregistrarpersonas
Layout_width	fill_parent
Text	Dar de alta persona

Button

Propiedad	Valor
Id	@+principal/btlistarpersonas
Layout_width	fill_parent
Text	Listar personas dar# de alta

Siguiendo los pasos de arriba, la aplicación deberá parecer a lo que se muestra en la siguiente imagen:

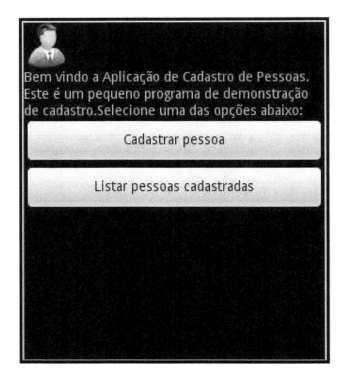

Ahora vamos a crear un archivo llamado doy de *alta.xml* y vamos a colocarlo dentro de la carpeta *"res/layout"* de nuestro proyecto.

En el inicio, este archivo está vacío. Ahora usted va añadir los siguientes componentes en la secuencia:

LinearLayout

Propiedad	Valor
Orientation	vertical

ImageView

Propiedad	Valor
Src	@drawable/profile

TextView

Propiedad	Valor
Text	Módulo de dar de alta. A continuación introduzca sus datos:

TextView

Propiedad	Valor
Text	Nombre:

EditText

Propiedad	Valor
Id	@+dar de alta/idnombre
Layout_width	fill_parent
Text	

TextView

Propiedad	Valor
Text	Profesión:

EditText

Propiedad	Valor
Id	@+dar de alta/idprofesion

Layout_width	fill_parent
Text	

TextView

Propiedad	Valor
Text	Edad:

EditText

Propiedad	Valor
Id	@+dar de alta/idedad
Layout_width	fill_parent
Text	

Siguiendo los pasos de arriba, la aplicación deberá parecerse a la siguiente imagen:

Pero, esto aún no acabó. Ahora vamos a la pestaña *"Outline"* y vamos a añadir una estructura *LinearLayout*, que será la responsable de organizar los botones de forma horizontal. Haga clic con el botón derecho del mouse sobre la estructura llamada *LinearLayout*01 (del tipo *LinearLayout*, obviamente) y seleccione *"Add"*. Se abrirá una caja de diálogo de componentes y de estructuras y usted añadirá un *LinearLayout* para añadirla en esta estructura.

La estructura añadida será nombrada como *LinearLayout*02. Ahora vamos a modificar la siguientes propiedades de con los siguientes datos:

Propiedad	Valor
Orientation	horizontal
Layout	fill_parent
Gravity	center

La propiedad *"Gravity"*, es similar a la propiedad *"Orientation"*, determina la alineación de los componentes dentro de la estructura, que en el caso de arriba está alineando los componentes de forma centralizada. O sea, los componentes van a estar colocados de forma horizontal (uno al lado del otro) y todos estos componentes estarán alineados al centro del layout.

Siguiendo el mismo procedimiento de arriba, vamos a añadir dos *Button* dentro de esta estructura, y cambiaremos las siguientes propiedades citadas abajo.

Button

Propiedad	Valor
Id	@+dar de alta/btregistrar
Text	Dar de alta persona

Button

Propiedad	Valor
Id	@+dar de alta/btcancelar
Text	Cancelar

Siguiendo los pasos de arriba, el Layout de nuestra aplicación debe de ser similar a lo que se muestra en la siguiente imagen:

Ahora dentro de la carpeta *"res/layout"* vamos a crear un archivo llamado *"listaregistrados.xml"* que será el responsable de mostrar a todos usuarios debidamente dados de alta. Tras crear el archivo, vamos a añadir los componentes de abajo, en la secuencia:

LinearLayout

Propiedad	Valor
Orientation	vertical
Id	@+id/layoutPrincipal

ImageView

Propiedad	Valor

Src	@drawable/profile

TextView

Propiedad	**Valor**
Text	Lista de personas dadas de alta.
Text color	#ffffff
Text size	20sp

Si usted observar arriba, estamos trabajando con dos propiedades pertenecientes también al componente *TextView*, una llamada "*Text color*", responsable de definir el color del texto que en este caso, es el valor del color, que necesita estar en el formato hexadecimal precedido del símbolo #,y "*Text size*" responsable de definir el tamaño del texto.

Siguiendo los pasos de arriba, el layout de la aplicación debe parecerse a lo que se muestra en la siguiente imagen:

Pero, esto aún no acabó. Si usted observó, damos un nombre a nuestra estructura *LinearLayout*, a la que hemos llamado "*layoutPrincipal*". Siguiendo los procedimientos que fueron explicados arriba, vamos a añadir dentro de la estructura "*layoutPrincipal*" una nueva estructura *LinearLayout* dentro de esta. Tras añadirla, vamos a cambiar las siguientes propiedades con los siguientes datos:

LinearLayout

Propiedad	Valor
Orientation	Horizontal
Id	@+id/layoutNombre

Pero, ahora dentro de la estructura "*layoutNombre*" vamos a añadir los siguientes componentes en la secuencia:

TextView

Propiedad	Valor
Text	Nombre.
Text color	#ffff00
Text size	20sp

TextView

Propiedad	Valor
Text	
Text color	#ffffff
Text size	20sp
Id	@+lista/txtnome

Ahora dentro de la estructura *"layoutPrincipal"*, vamos a añadir una nueva estructura *LinearLayout*, como ya se ha mostrado arriba. Y después, modificamos las siguientes propiedades:

Propiedad	Valor
Orientation	Horizontal
Id	@+id/layoutProfesion

Ahora dentro de la estructura "layoutProfesion" vamos a añadir los siguientes componentes en la secuencia:

TextView

Propiedad	Valor
Text	Profesión.
Text color	#ffff00
Text size	20sp

TextView

Propiedad	Valor
Text	
Text color	#ffffff
Text size	20sp
Id	@+lista/txt*profesion*

Ahora dentro de la estructura "*layoutPrincipal*", vamos a añadir una nueva estructura *LinearLayout*, como ya se ha mostrado arriba. Y después, modificamos las siguientes propiedades:

Propiedad	Valor
Orientation	Horizontal
Id	@+id/layoutEdad

Bueno, ahora dentro de la estructura *"layoutProfesion"* vamos a añadir los siguientes componentes en la secuencia:

TextView

Propiedad	Valor
Text	Edad.
Text color	#ffff00
Text size	20sp

TextView

Propiedad	Valor
Text	
Text color	#ffffff
Text size	20sp
Id	@+lista/txtedad

Ahora dentro de la estructura *"layoutPrincipal"*, vamos a añadir una nueva estructura *LinearLayout*, como ya se ha mostrado arriba. Y después, modificamos las siguientes propiedades:

Propiedad	Valor
Orientation	Horizontal
Id	@+id/layoutBotones
Layout width	fill_parent
Gravity	Center

Bueno, ahora dentro de la estructura *"layoutProfesion"* vamos añadir los siguientes componentes en la secuencia:

Button

Propiedad	Valor
Id	@+lista/btvolver
Text	Volver

Button

Propiedad	Valor

Id	@+lista/btavanzar
Text	Avanzar

Ahora vamos a añadir en la estructura *"layoutPrincipal'* un *Button* con las siguientes propiedades:

Button

Propiedad	**Valor**
Id	@+lista/btmenu
Text	Menú principal
Layout width	fill_parent

Siguiendo todos los pasos arriba, el layout de la aplicación debe de parecerse a lo que se muestra en la siguiente imagen:

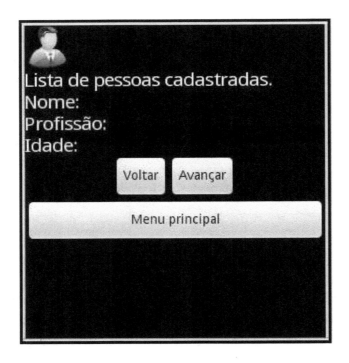

Ahora en el archivo *"AppRegistro.java"*, coloque el siguiente código:

package es.com.android;

import android.app.Activity;
import android.ios.Bundle;
import android.widget.*;
import android.view.*;
import android.app.*;

public class AppRegistro extends Activity {
Registro pri,reg,ult,aux;
EditText idnombre,idprof,idedad;
int numreg,pos;
void CargaPantallaPrincipal () {
setContentView(R.layout.main);
Button btregper = (Button)
findViewById(R.principal.btregistrarpersona); Button

```
btlistaper = (Button)
findViewById(R.principal.btlistarpersonas);
btregper.setOnClickListener(new View.OnClickListener(){

public void onClick(View arg0){
CargarPantallaRegistro();
}});

btlistaper.setOnClickListener(new View.OnClickListener(){
        public void onClick(View arg0){
        CargarListaPersonas();
        }});
}

void CargarPantallaRegistro() {
        setContentView(R.layout.dar de alta);
        Button btregistrar = (Button) findViewById(R.dar de
        alta.btregistrar);
        Button btcancelar = (Button) findViewById(R.dar de
        alta.btcancelar);
        btregistrar.setOnClickListener(new
        View.OnClickListener(){ public void onClick(View arg0){
        try {
        reg = new Registro();
        idnombre = (EditText)findViewById(R.dar de
        alta.idnombre);
        idprof = (EditText)findViewById(R.dar de
        alta.idprofesion);
        idedad = (EditText)findViewById(R.dar de alta.idedad);
        reg.nombre = idnombre.getText().toString();
        reg.profesion = idprof.getText().toString();
        reg.edad = idedad.getText().toString();

if(pri==null) pri=reg;
reg.Ant = ult; if(ult==null) ult=reg;
        else { ult.Prox = reg; ult=reg;
}

numreg++;
```

```
showMessage("Dar de alta efectuado con éxito", "Aviso");
CargaPantallaPrincipal();
} catch(Exception y) {
showMessage("Error al dar de alta", "Error");
}} });

btcancelar.setOnClickListener(new View.OnClickListener(){
public void onClick(View arg0){
        CargaPantallaPrincipal(); } });
}

void CargarListaPersonas() {
        if(numreg==0) {
        showMessage("Ningún registro dar# de alta", "Aviso");
        CargaPantallaPrincipal();
        return;
}

setContentView(R.layout.listaregistrados);
pos=1;
aux=pri;
TextView txtnombre = (TextView)findViewById(R.lista.txtnombre);
TextView txtedad = (TextView)findViewById(R.lista.txtedad);
TextView txtprofesion =
(TextView)findViewById(R.lista.txtprofesion);
Button btmenu = (Button) findViewById(R.lista.btmenu);
Button btavanzar = (Button) findViewById(R.lista.btavanzar);
Button btvolver = (Button) findViewById(R.lista.btvolver);
txtnombre.setText(aux.nombre);
txtedad.setText(aux.edad);
txtprofesion.setText(aux.profesion);

btmenu.setOnClickListener(new View.OnClickListener(){
public void onClick(View arg0){
        CargaPantallaPrincipal();
} });

btvolver.setOnClickListener(new View.OnClickListener(){
```

```java
public void onClick(View arg0){ if(pos==1) return;
pos--;
aux=aux.Ant;
TextView txtnombre =
(TextView)findViewById(R.lista.txtnombre);
TextView txtedad = (TextView)findViewById(R.lista.txtedad);
TextView txtprofesion =
(TextView)findViewById(R.lista.txtprofesion);
txtnombre.setText(aux.nombre);
txtedad.setText(aux.edad);
txtprofesion.setText(aux.profesion);
} });

btavanzar.setOnClickListener(new View.OnClickListener(){
public void onClick(View arg0){ if(pos==numreg) return;
pos++;
aux=aux.Prox;
TextView txtnombre =
(TextView)findViewById(R.lista.txtnombre);
TextView txtedad = (TextView)findViewById(R.lista.txtedad);
TextView txtprofesion =
(TextView)findViewById(R.lista.txtprofesion);
txtnombre.setText(aux.nombre);
txtedad.setText(aux.edad);
txtprofesion.setText(aux.profesion);
} });
}

public void onCreate(Bundle savedInstanceState) {
super.onCreate(savedInstanceState);
numreg=0; pri=ult=null;
CargaPantallaPrincipal();
}

public void showMessage(String Caption,String Title) {
AlertDialog.Builder dialogo = new
AlertDialog.Builder(AppRegistro.this);
dialogo.setTitle(Title);
dialogo.setMessage(Caption);
```

```
dialogo.setNeutralButton("OK", null);
dialogo.show();
}
}
```

Ahora en el mismo sitio local donde se encuentra el archivo *"AppRegistro.java"* (en el paquete "es.com.android"), va a crear una clase llamada *Registro*. Tras crear la clase, coloque el código que es mostrado a continuación:

```
package es.com.android;
public class Registro {
        String nombre;
        String profesion;
        String edad;
        Registro Prox;
        Registro Ant;
}
```

Ahora vamos a analizar a los pocos los códigos de esta aplicación. Observe que en esta aplicación tenemos tres métodos: un método llamado *CargaPantallaPrincipal*, que es el responsable de cargar el layout de la pantalla principal. El método *CargarPantallaRegistro* es el responsable de cargar la pantalla de dar de alta.

Vamos a analizar algunos códigos del método *CargarPantallaRegistro*. Si observa esta aplicación, declaramos cuatro variables llamadas *pri, ult* y *reg* y *aux* del tipo *Registro*. La variable *pri* sirve para apuntar a la dirección del primer registro. La variable *ult* apunta a la dirección del último registro. La variable *reg* almacena los datos del registro corriente y la variable *aux* funciona como una variable auxiliar.

Es con la utilización de estas variables que lo que hacemos el dar de alta los datos de las personas. Vamos al evento clic del botón *btregistrar* situado dentro del método *CargarPantallaRegistro* y analicemos algunas líneas de código. La línea:

reg = new Registro( );

Crea una nueva instancia de la clase de la clase Registro y coloca el *"reg"*. Las líneas:

reg.nombre = idnombre.getText( ).toString( ); reg.profesion = idprof.getText( ).toString( );
reg.edad = idedad.getText( ).toString( );

Así grabamos los datos de los campos en el objeto "reg". Y en las líneas siguientes:

if(pri==null)
    pri=reg;
    reg.Ant = ult;
    if(ult==null)
        ult=reg;
            else {
        ult.Prox = reg; ult=reg;
}

Hacen todo el proceso de almacenamiento de los datos.

Ahora vamos al método *CargarListaPersonas*. Cuando este método es llamado, se hace una verificación para saber si hay datos dados de alta. Si no hubiera datos dados de alta, será mostrado un mensaje indicando esta situación y usted será retornado a la pantalla principal. Voy a comentar algunas líneas. La línea:

aux=pri;

Retorna para la variable "aux" la dirección del primer registro, que está almacenado en "pri". Y las líneas:

txtnombre.setText(aux.nombre);
txtedad.setText(aux.edad);
txtprofesion.setText(aux.profesion);

Ahora tenemos las informaciones obtenidas (nombre, edad y profesión) para los campos (*TextView*s), para que estos puedan ser mostrados.

Vamos ahora al evento *click* del botón *btvolver*. Este botón muestra los registros anteriores. Antes de volver a un registro, verificamos si nos encontramos en el primer registro con la condición:

if(pos==1)

Si la condición es verdadera, salimos del evento, sino, continuamos ejecutando las instrucciones. La línea:

aux=aux.Ant;

Retorna para *aux* la dirección del registro anterior. Tras esto son ejecutadas las instrucciones para que los datos puedan ser mostrados. Y en el evento *click* del botón *btavanzar*, antes de pasar al próximo registro, verificamos si ya está en el último registro con la instrucción:

if(pos==numreg)

Si la condición es verdadera, salimos del evento, sino, continuamos ejecutando las instrucciones. La línea:

aux=aux.Prox;

Retorna para *aux* la dirección del próximo registro. Tras esto son ejecutadas las instrucciones para que los datos puedan ser mostrados.

Bueno, vamos a ejecutar nuestra aplicación? El resultado que usted verá será similar a lo que se muestra en las figuras siguiente:

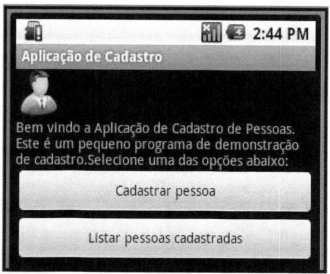

(Pantalla principal de la aplicación)

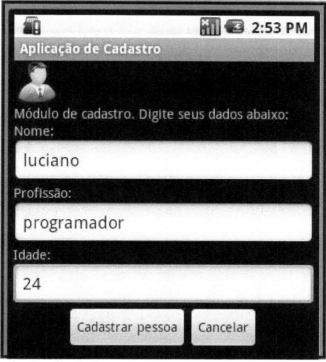

(Pantalla de dar de alta)

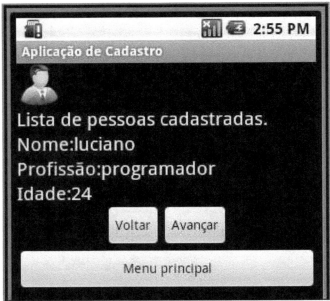

(Pantalla de visualización de los dados de alta)

7) Trabajando con menús en una aplicación

Es posible añadir menús en una aplicación Android. Los menús son visualizados cuando presionamos el botón "*Menú*" del emulador. Vamos a ver un ejemplo, cree un nuevo proyecto con los siguientes datos:

Project Name: EjemploMenus
Package Name: es.com.android
Activity Name: AppMenu
Application Name: Ejemplo con menús

Cargue el archivo "*main.xml*" y modifique el contenido de la *TextView* con la siguiente frase: "Haga clic en el botón menú para ver las opciones".

Siguiendo el paso de arriba la aplicación deberá verse parecido a la siguiente imagen:

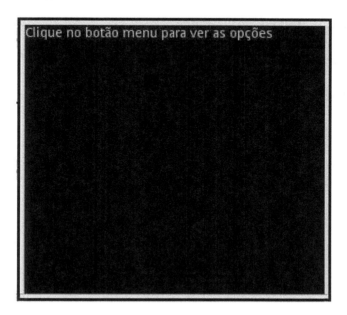

En el archivo "*AppMenu.java*", coloque el código siguiente:

```
package es.com.android;

import android.app.Activity;
import android.ios.Bundle;
import android.view.*;

public class AppMenu extends Activity {
        private static final int GRABAR = Menú.FIRST;
        private static final int EDITAR = Menú.FIRST+1;
        private static final int SALIR = Menú.FIRST+2;
@Override

public void onCreate(Bundle savedInstanceState) {
super.onCreate(savedInstanceState);
setContentView(R.layout.main);
}
@Override

public boolean onCreateOptionsMenu(Menú menu) {
menu.add(0, GRABAR, 0, "Grabar");
menu.add(0, EDITAR, 0, "Editar");
menu.add(0, SALIR, 0, "Salir");
return super.onCreateOptionsMenu(menú);
}
@Override

public boolean onOptionsItemSelected(MenuItem item) { switch
(item.getItemId()) {
        case GRABAR:
        //Ejecuta algo
                return true;
        case EDITAR:
        //Ejecuta alglo
                return true;
                default: return super.onOptionsItemSelected(item);
        } } }
```

Vamos a ver la explicación del código. En las líneas:

private static final int GRABAR = Menú.FIRST;
private static final int EDITAR = Menú.FIRST+1;
private static final int SALIR = Menú.FIRST+2;

Son creadas tres constantes. La constante *"GRABAR"*, recibe el valor contenido en el campo *"FIRST"*, del objeto *Menú*, que normalmente es el valor *"1"*. Después, las constantes *"EDITAR"* y *"SALIR"* reciben, respectivamente los valores *2* y *3*.

Ahora vamos a analizar el método *onCreateOptionsMenu*. Este método es responsable de crear los menús y de añadirlos a la aplicación. Vamos a analizar las siguientes instrucciones:

menu.add(0, GRABAR, 0, "Grabar");
menu.add(0, EDITAR, 0, "Editar");
menu.add(0, SALIR, 0, "Salir");

Estas son las responsables de añadir los menús *"Grabar"*,*"Editar"* y *"Salir"*.

Cada vez que un item de un menú es seleccionado, el método *onOptionsItemSelected* es disparado. Vamos a ver el código de éste a continuación:

```
@Override
public boolean onOptionsItemSelected(MenuItem item) {
switch (item.getItemId()) {
        case GRABAR:
        //Ejecuta alglo
                return true;
        case EDITAR:
        //Ejecuta alglo
                return true;
                default: return super.onOptionsItemSelected(item);
}
}
```

Vamos a analizar el código de este método. Observe que en la estructura *switch* evaluamos el valor retornado por el método *getItemId( )*, del objeto *"item"*. Este método retorna el *"id"* del menú seleccionado, que es representado por las constantes, como puede ser observado en la estructura *switch*.

Vamos a ejecutar nuestra aplicación. El resultado que verá será similar a lo que se muestra en la siguiente imagen:

(Demostración del uso de menús)

También es posible añadir submenús a un determinado menú. Vamos a ver un ejemplo, ahora utilizando los submenús. Vamos a modificar todo el código del archivo *"AppMenu.java"*, por el código siguiente:

package es.com.android;

import android.app.Activity;
import android.ios.Bundle;

```java
import android.view.Menu;
import android.view.MenuItem;
import android.view.SubMenu;

public class AppMenu extends Activity {
private static final int ABRIR = Menú.FIRST;
private static final int GUARDAR = Menú.FIRST+1;
private static final int HERRAMIENTAS = Menú.FIRST+2;
private static final int PERSONALIZAR = Menú.FIRST+3;

@Override
public void onCreate(Bundle savedInstanceState) {
super.onCreate(savedInstanceState);
setContentView(R.layout.main);
}

@Override
public boolean onCreateOptionsMenu(Menú menu) {
menu.add(0, ABRIR, 0, "Abrir");
menu.add(0, GUARDAR, 0, "Guardar");
SubMenu otros = menú.addSubMenu("Otros");
otros.add(0, HERRAMIENTAS, 0, "Herramientas");
otros.add(0, PERSONALIZAR, 0, "Personalizar");
return super.onCreateOptionsMenu(menú);
}
@Override
public boolean onOptionsItemSelected(MenuItem item) {
switch (item.getItemId()) {
        case ABRIR:
        //Ejecuta alglo
                return true;
         case GUARDAR:
        //Ejecuta alglo
                return true;
        case HERRAMIENTAS:
        //Ejecuta alglo
                return true;
        case PERSONALIZAR:
        //Ejecuta alglo
```

return true;
default: return super.onOptionsItemSelected(item);
} } }

Vamos a analizar los cambios. Observe que en este nuevo código hemos creado cuatro constantes, según se muestra en las siguientes instrucciones:

private static final int ABRIR = Menú.FIRST;
private static final int GUARDAR = Menú.FIRST+1;
private static final int HERRAMIENTAS = Menú.FIRST+2;
private static final int PERSONALIZAR = Menú.FIRST+3;

Ahora vamos a ver los cambios hechos en el método *onCreateOptionsMenu*. Vea las siguientes instrucciones:

menu.add(0, ABRIR, 0, "Abrir");
 menu.add(0, GUARDAR, 0, "Guardar");
SubMenu otros = menú.addSubMenu("Otros");
otros.add(0, HERRAMIENTAS, 0, "Herramientas");
otros.add(0, PERSONALIZAR, 0, "Personalizar");

Observando el código de arriba, vemos que son creados dos menús, un menú llamado "*Abrir*" y otro llamado "*Guardar*".

Tras crear los dos menús, creamos seguidamente un submenú, cuya etiqueta es "*Otros*" y dentro de este submenú, añadimos dos ítems, uno llamado "*Herramientas*" y otro llamado "*Personalizar*".

Vamos a ejecutar nuestra aplicación. El resultado que verá debería parecerse a la siguiente imagen:

(Aplicación usando menús)

Seleccione la opción *"Otros"*, como se muestra en la figura de arriba, y será mostrado dos ítems más: *"Herramientas"* y *"Personalizar"*. Vea la siguiente imagen:

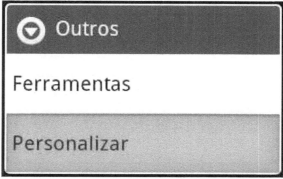

(Usando submenús)

8) Entendiendo mejor la clase AlertDialog

Como ya hemos usado esta clase en algunos de nuestros programas anteriores. Pero ahora, vamos a entender mejor esta clase, enfatizando aquí algunos métodos interesantes que no fueron usados en los programas anteriores.

En Java	Descripción
setIcon(int IconId)	En este método, usted define un icono para su caja de diálogo.
setMessage(CharSequence mensaje)	En este método, usted define el mensaje que será mostrado en la caja de diálogo.
setTitle(CharSequence título)	En este método, usted define el título que será mostrado en la caja de diálogo.
setNeutralButton(CharSequence <etiqueta del botón>, OnClickListener evento)	En este método usted define un botón neutro (normalmente etiquetado con el título "OK") y un evento, si éste es clicado.
setPositiveButton(CharSequence <etiqueta del botón>, DialogInterface.OnClickListener evento)	En este método usted define un botón positivo (normalmente etiquetado con el título "Sí" o "Yes") y un evento, si éste es clicado.

setNegativeButton(CharSequence <etiqueta del botón>, DialogInterface.OnClickListener evento)	En este método usted define un botón negativo (normalmente etiquetado con el título "No" o "En el") y un evento, si éste es clicado.

Vea algunos ejemplos a continuación:

AlertDialog.Builder dialog = new
AlertDialog.Builder(this);
dialog.setMessage("Dar de alta efectuado con éxito.");
dialog.setNeutralButton("OK", null);
dialog.setTitle("Aviso");
dialog.show();

El resultado será:

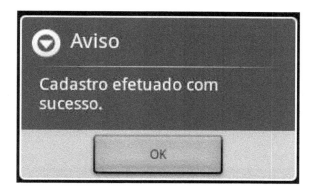

Otro Ejemplo:

AlertDialog.Builder dialog = new AlertDialog.Builder(this);
dialog.setMessage("¿Desea dar de alta este registro?");
dialog.setPositiveButton("Sí", new
DialogInterface.OnClickListener(){
public void onClick(DialogInterface di, int arg) {
//Ejecuta algo si el botón "Sí" es presionado
} });

dialog.setNegativeButton("No", new
DialogInterface.OnClickListener( ){
public void onClick(DialogInterface di, int arg) {
//Ejecuta algo si el botón "No" es presionado
} });
dialog.setTitle("Aviso");
dialog.show( );

El resultado será: Más un ejemplo:

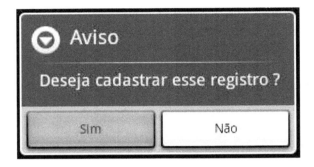

AlertDialog.Builder dialog = new AlertDialog.Builder(this);
dialog.setMessage("Ejemplo con icono.");
dialog.setNeutralButton("OK", null); dialog.setTitle("Ícone");
dialog.setIcon(R.drawable.icon);
dialog.show( );

El resultado será:

Con los conocimientos que hemos obtenido hasta aquí, ya puede hacer buenas aplicaciones en Android con más detalles que enriquezcan la aplicación.

9) Propiedades y eventos de los componentes que hemos tratado

En esta sección se mostraran y describirán las propiedades y eventos de todos los componentes con los que hemos trabajado en este libro.

Widget TextView

-Propiedades

Propiedad	En XML	En Java	Descripción
Text	android:text	setText(CharSequence c)	En esta propiedad, usted define el texto a ser mostrado en la pantalla.
Text color	android:textColor	setTextColor(Color c)	En esta propiedad, usted define color del texto a ser mostrado en la pantalla. Valor: #000000 hasta #FFFFFF.
Background	android:background	setBackGroundColor (Color c)	En esta propiedad, usted define el color de fondo del componente mostrado. Valor: #000000 hasta #FFFFFF.

Text size	android:textSize	setTextSize(float tamaño) o setTextSize(int unidad, int size)	Define el tamaño del texto. El tamaño de la fuente puede ser especificado en varias notaciones: px (pixels),sp(scaledpixels), mm(milímetros), in (pulgadas) y etc.
Typeface	android:typeface	setTypeface(Typeface font)	Esta propiedad sirve para definir una fuente al texto (normal, sans, serif, monospace).

-Eventos

Método que define el evento	Evento	Métodos relacionados	Descripción
setOnClickListener	OnClickListener	onClick(View v)	Este evento es disparado cada vez que el componente es clicado, disparando el método *onClick*.

Widget EditText

-Propiedades

Propiedad	En XML	En Java	Descripción

Text	android:text	setText(CharSequence c)	En esta propiedad, usted define el texto a ser mostrado en la pantalla.
Text color	android:textColor	setTextColor(Color c)	En esta propiedad, usted define color del texto a ser mostrado en la pantalla.
Background	android:background	setBackGroundColor (Color c)	En esta propiedad, usted define el color de fondo del componente mostrado.
Capitalize	android:capitalize		Esta propiedad sirve para definir el tipo capitalización de las palabras. Por defecto, el valor y "none"(ninguno). Los posibles valores para esta propiedad son: "words", "sentences" y "characters"
Numeric	android:numeric		Con esta propiedad habilitada, el *EditText* sólo aceptará números (enteros y decimales). El valor por defecto de este atributo es "false". Los posibles valores para esta propiedad son: "integer" (número entero), "decimal" (número decimal) y "signed" (número con señal). Estos valores pueden ser combinados, por ejemplo: android:numeric="int

			eger|signed"
Password	android:password		Con esta propiedad usted habilita la digitación de contraseñas. El valor por defecto de este atributo es "false".
Text size	android:textSize	setTextSize(float size) o setTextSize(int unidad, int size)	Define el tamaño del texto. El tamaño de la fuente puede ser especificado en varias notaciones: px (pixels),sp(scaled-pixels), mm(milímetros), in (inches) y etc.

Typeface	android:typeface	setTypeface(Typeface font)	Esta propiedad sirve para definir una fuente del texto. Los posibles valores son: "normal","monospace", "sans" y "serif".
Hint	android:hint	setHint(CharSequence c)	En esta propiedad usted define un mensaje que aparecerá cuando el *EditText* esté vacío.
Text color hint	android:textColorHint	setHintTextColor(Color c)	Define el color del texto del hint.

-Eventos

Método que define el evento	Evento	Métodos relacionados	Descripción
setOnClickListener	OnClickListener	onClick(View v)	Este evento es disparado cada vez que el componente es clicado, disparando el método *onClick*.
setOnKeyListener	OnKeyListener	onKey(View v,int KeyCode, KeyEvent event)	Este evento es disparado cada vez que la tecla es accionada, disparando el método *onKey*.

		onFocusChange(	Este método es disparado cada
setOnFocusChangeLis tener	OnFocusChange Listener	View v, boolean hasFocus)	vez cuando un componente *EditText* gana o pierde foco.

Widget Button

-Propiedades

Propieda d	En XML	En Java	Descripción
Text	android:text	setText(CharSeque nce c)	En esta propiedad, usted define el texto a ser mostrado en la pantalla.
Text color	android:textColo r	setTextColor(Color c)	En esta propiedad, usted define el color del texto a ser mostrado en la pantalla. Valor: #000000 hasta #FFFFFF.
Text size	android:textSize	setTextSize(float tamaño) o setTextSize(int unidad, int size)	Define el tamaño del texto. El tamaño de la fuente puede ser especificado en varias notaciones: px (pixels),sp(scaled-pixels), mm(milímetros), in (pulgadas) y etc.
Typeface	android:typeface	setTypeface(Typef ace font)	Esta propiedad sirve para definir una fuente al texto (normal, sans, serif, monospace).

-Eventos

Método que define el evento	Evento	Métodos relacionados	Descripción
setOnClickListener	OnClickListener	onClick(View v)	Este evento es disparado cada vez que el componente es clicado, disparando el método *onClick*.
setOnKeyListener	OnKeyListener	onKey(View v,int KeyCode, KeyEvent event)	Este evento es disparado cada vez que la tecla es accionada, disparando el método *onKey*.

Widget CheckBox

-Propiedades

Propiedad	En XML	En Java	Descripción
Text	android:text	setText(CharSeque nce c)	En esta propiedad, usted define el texto a ser mostrado en la pantalla.
Text color	android:textColor	setTextColor(Color c)	En esta propiedad, usted define color del texto a ser mostrado en la pantalla. Valor: #000000 hasta #FFFFFF.

| Checked | android:checked | setChecked(boolean state) | En esta propiedad usted define el estado del *CheckBox*, si está marcado (true) y si no (false). |

-Eventos

Método que define el evento	Evento	Métodos relacionados	Descripción
setOnClickListener	OnClickListener	onClick(View v)	Este evento es disparado cada vez que el componente es clicado, disparando el método *onClick*.
setOnCheckedChangeListener	OnCheckedChangeListener	onCheckedChanged (CompoundButton cb,boolean b)	Este evento será disparado toda vez que el estado del *CheckBox* es modificado, o sea, marcado o desmarcado, disparando el método *onCheckedChanged*

Widget RadioButton

-Propiedades -Eventos

Propiedad	En XML	En Java	Descripción
Text	android:text	setText(CharSequence c)	En esta propiedad, usted define el texto a ser mostrado en la pantalla.
Text color	android:textColor	setTextColor(Color c)	En esta propiedad, usted define color del texto a ser mostrado en la pantalla. Valor: #000000 hasta #FFFFFF.
Checked	android:checked	setChecked(boolean state)	En esta propiedad usted define el estado del *RadioButton*, si está marcado (true) o si no (false).

Método que define el evento	Evento	Métodos relacionados	Descripción
setOnClickListener	OnClickListener	onClick(View v)	Este evento es disparado cada vez que el componente es clicado, disparando el método *onClick*.

setOnCheckedChangeListener	OnCheckedChangeListener	onCheckedChanged (CompoundButton cb,boolean b)	Este evento será disparado toda vez que el estado del *RadioButton* es modificado, o sea, marcado o desmarcado, disparando el método *onCheckedChanged*

Widget Spinner

-Propiedades

Métodos	Descripción
setAdapter(SpinnerAdapter a)	En este método usted define los elementos que compondrán este componente a través de un vector (array).
int getSelectedPosition()	Esta función recupera la posición del elemento seleccionado. Por ejemplo, si fuera el primer elemento, recupera 0, si fuera el segundo, recupera 1 y así sucesivamente.
Object getSelectedItem()	Esta función recupera en un tipo *Object*, el item seleccionado.
Object getItemAtPosition(int position)	Recupera en un tipo *Object* el elemento de una determinada posición, pasada como parámetro.

-Eventos

Método que define el evento	Evento	Métodos relacionados	Descripción
setOnClickListener	OnClickListener	onClick(View v)	Este evento es disparado cada vez que el componente es clicado, disparando el método *onClick*.
setOnItemClickListener	OnItemClickListener	onItemClick (AdapterView<?> a, View v, int I, long l)	Este evento será disparado cada vez que un derminado item es clicado, disparando el método *onItemClick*.
setOnItemSelectedListener	OnItemSelectedListener	onItemSelected(AdapterView av, View v,int posición,long id) onNothingSelected(AdapterView av)	Este evento será disparado cada vez que un derminado item es seleccionado, disparando el método *onItemSelected*. Si ningún item es seleccionado, será disparado el método *onNothingSelected*.

Widget ListView

-Propiedades

Métodos	Descripción
setAdapter(*Spinner*Adapter a)	En este método usted define los elementos que compondrán este componente a través de un vector (array).
int getSelectedPosition()	Esta función recupera la posición del elemento seleccionado. Por ejemplo, si fuera el primer elemento, recupera 0, si fuera el segundo, recupera 1 y así sucesivamente.
Object getSelectedItem()	Esta función recupera en un tipo *Object*, el item seleccionado.
Object getItemAtPosition(int position)	Recupera en un tipo *Object* el elemento de una determinada posición, pasada como parámetro.

-Eventos

Método que define el evento	Evento	Métodos relacionados	Descripción
setOnClickListener	OnClickListener	onClick(View v)	Este evento es disparado cada vez que el componente es clicado, disparando el método *onClick*.

setOnItemClickListener	OnItemClickListener	onItemClick (AdapterView<?> a, View v, int I, long l)	Este evento será disparado cada vez que un derminado item es clicado, disparando el método *onItemClick*.
setOnItemSelectedListener	OnItemSelectedListener	onItemSelected(AdapterView av, View v,int posición,long id) onNothingSelected(AdapterView av)	Este evento será disparado cada vez que un derminado item es seleccionado, disparando el método *onItemSelected*. Si ningún item es seleccionado, será disparado el método *onNothingSelected*.

Widget ImageView

-Propiedades

Propiedad	En XML	En Java	Descripción
Src	android:src	setImageRestource(int Id)	En esta propiedad, usted define la imagen que será mostrada en la pantalla.

setImageURI(Uri link)	Este método es similar al método arriba, siendo que aquí usted especifica la Uri (cómo si fuera un link de internet) como ruta de localización de la imagen.

-Eventos

Método que define el evento	Evento	Métodos relacionados	Descripción
setOnClickListener	OnClickListener	onClick(View v)	Este evento es disparado cada vez que el componente es clicado, disparando el método *onClick*.

Widget Gallery

-Propiedades

Método	Descripción
setAdapter(*Spinner*Adapter a)	En este método usted define los elementos que compondrán este componente a través de un vector (array).

-Eventos

Método que define el evento	Evento	Métodos relacionados	Descripción
setOnClickListener	OnClickListener	onClick(View v)	Este evento es disparado cada vez que el componente es clicado, disparando el método *onClick*.
setOnItemClickListener	OnItemClickListener	onItemClick (AdapterView<?> a, View v, int I, long l)	Este evento será disparado cada vez que un derminado item es seleccionado, disparando el método *onItemClick*.

ProgressBar

-Propiedades

Propiedad	En Java	Descripción

Style	style	En esta propiedad, usted define el estilo de la progressbar. Esta propiedad asume los siguientes valores: "?android:attr/progressBarStyleHorizontal", "?android:attr/progressBarStyle" "?android:attr/progressBarStyleLarge" "?android:attr/progressBarStyleSmall"
	setMax(int valor_maximo)	En este método usted define el valor máximo de la franja. O sea, define el valor máximo como 100, la franja de progreso será entre 0 y 100.
	setMax(int valor_maximo)	En este método usted define el valor máximo de la franja. O sea, define el valor máximo como 100, la franja de progreso será entre 0 y 100.
	setProgress(int progress)	En este método, usted define el valor corriente del progreso.
	incrementProgressBy(int incr)	En este método usted define lo cuando el progreso será incrementado.

DatePicker

-Propiedades

Métodos	Descripción
init(int year, int month, int day, onDateChangedListener event)	En este método usted define el valor inicial del año, mes y día inclusive, usted define un evento cada vez que una fecha es modificada (*onDateChangedListener*).

updateDate(int year, int month, int day)	En este método usted actualiza la fecha pasando cómo parámetros el año, el mes y el día.
int getYear( )	Este método recupera el año de la fecha.
int getMonth( )	Este método recupera el mes del año, sabiendo si que, para el primer mes (enero) éste recupera 0, para el segundo mes (febrero) recupera 1 y así por delante.
int getDayOfMonth( )	Este método recupera el día del mes.

-Eventos

Método que define el evento	Evento	Métodos relacionados	Descripción
Init	onDateChangedListener	onDateChanged(View v, int year, int months, int day)	Este evento es disparado cada vez que la fecha es alterada, disparando el método *onDateChanged.*

TimePicker

-Propiedades

Métodos	Descripción
setCurrentHour(int hour)	En este método usted define el valor de la hora sabiendo que tiene que ser una hora.
setCurrentMinute(int minute)	En este método usted define el valor del minuto entre 0-59.
int getCurrentMinute()	Este método recupera el minuto actual.
int getCurrentHour()	Este método recupera la hora actual.

-Eventos

Método que define el evento	Evento	Métodos relacionados	Descripción
setOnTimeChangedListener	OnTimeChangedListener	onTimeChanged(*TimePicker* tp, int hour, int minute)	Este evento es disparado cada vez que la hora es modificada, disparando el método *onTimeChanged.*

Propiedades comunes a todos los objetos

-Propiedades

Propiedad	En XML	En Java	Descripción
Id	android:id		En esta propiedad, definimos el nombre de nuestro componente.
Layout width	android:layout_width		En esta propiedad, usted define la anchura del componente que será mostrado. Normalmente esta propiedad asume dos valores: "fill_parent" (llena toda la anchura restante del dispositivo) y "wrap_content" (la anchura del componente será definida de acuerdo con su contenido). También pueden especificar valores números con sus respectivas escalas, ex: "160px","50sp" y etc.

Layout height	android:layout_heigth		En esta propiedad, usted define la altura del componente que será mostrado. Normalmente esta propiedad asume dos valores: "fill_parent" (llena toda la altura restante del dispositivo) y "wrap_content" (la altura del componente será definida de acuerdo con su contenido). También pueden especificar valores números con sus respectivas escalas, ex: "160px","50sp" y etc.
Visibility	android:visibility	setVisibility(int modo_visibilidad)	Esta propiedad sirve para definir si el componente estará visible o no. Ella asume los siguientes valores: "visible","invisible" y "gone".

Conclusión

En este libro aprendimos a destarrollar aplicaciones en Android para diversas finalidades. Hemos visto un poco sobre la plataforma Android, como surgió y todo más. Aprendimos a instalar el eclipse y los plugins necesarios para el funcionamiento de Android, incluyendo el SDK. Aprendimos a construir una aplicación Android básica y después conocimos los componentes (widgets) que constituyen las aplicaciones Android para la construcción de aplicaciones más interesantes. Hemos visto también como intercambiar layouts en una aplicación Android teniendo como ejemplo práctico, una aplicación de dar de alta. Aprendimos a usar menús y submenús en una aplicación y por último, comprendimos mejor el funcionamiento de la clase AlertDialog.Builder.

Espero que este material le haya sido útil. A partir de ahora le toca a usted ir probando más widgets e ir ampliando el número de campos, propiedades y eventos para lograr los objetivos que usted desee en el desarrollo de aplicaciones Android.

Bibliografía

Para la realización de este libro se han leído, consultado, traducido y contrastado datos con las siguientes fuentes de información.

Libros y artículos

Programando Passo a Passo de Luciano Alves da Silva.
Android 3.1 User´s Guide de Google

Páginas web

http://www.wikipedia.org
http://www.ebah.com.br

Acerca del Autor

Ángel Arias

Ángel Arias es un consultor informático con más de 12 años de experiencia en sector informático. Con experiencia en trabajos de consultoría, seguridad en sistemas informáticos y en implementación de software empresarial, en grandes empresas nacionales y multinacionales, Ángel se decantó por el ámbito de la formación online, y ahora combina su trabajo como consultor informático, con el papel de profesor online y autor de numerosos cursos online de informática y otras materias.

Ahora Ángel Arias, también comienza su andadura en el mundo de la literatura sobre la temática de la informática, donde ,con mucho empeño, tratará de difundir sus conocimientos para que otros profesionales puedan crecer y mejorar profesional y laboralmente.